KiWi
PAPERBACK
1036

Das Buch
In der Türkei fragen die Männer einander beim Kennenlernen dreierlei: Woher kommen Sie? Sind Sie verheiratet? Für wen sind Sie? Die letzte Frage ist die nach der fußballerischen Vorliebe. Trotz dieser Begeisterung wird in diesem Buch erstmals die bislang selbst im eigenen Land unerzählte Geschichte des türkischen Fußballs aufgeschrieben. Tobias Schächter erklärt darin, warum die Traditionsvereine aus Istanbul die Süperlig dominieren. Er findet im Fußball die Widersprüche eines Landes zwischen EU-Beitritt und übersteigertem Nationalismus, zwischen Verwestlichung und Re-Islamisierung. Er erzählt von den Amigos, die Einpeitscher in den Kurven und Strippenzieher in der verwickelten Vereinspolitik sind. Er beschreibt eine ungeheuer vitale Fußballkultur, die viele Türken auch in Deutschland weiterleben.

Der Autor
Tobias Schächter, geboren 1970, schaffte es bis in die Amateurmannschaft des 1. FC Kaiserslautern, aber nicht ganz in die Bundesliga. Von 2004 bis 2005 berichtete er für deutsche und schweizerische Zeitungen aus Istanbul über den türkischen Fußball, der ihn heute noch in den Bann schlägt. Inzwischen lebt er als freier Sportjournalist in Karlsruhe.

Tobias Schächter

Süperlig

Die unerzählte Geschichte des türkischen Fußballs

Kiepenheuer & Witsch

Dieser Titel erscheint in der Reihe
»Ball und Welt«, herausgegeben
von Christoph Biermann.

1. Auflage 2008

Umschlaggestaltung: Barbara Thoben, Köln
Umschlagmotiv: © picture-alliance/dpa/web
Gesetzt aus der Sabon und der News Gothic Medium
Satz: Pinkuin Satz und Datentechnik, Berlin
Druck und Bindung: CPI – Clausen & Bosse, Leck
ISBN: 978-3-462-03992-4

Für Sonja und Lennart

Inhalt

Prolog

Hüseyin war groß, stark und hatte einen Bart so dicht wie ein Teppich. Er sah aus wie ein Mann im Vergleich zu uns 14 Jahre alten Pickelgesichtern, die Oliver, Andreas oder Tobias hießen. Hüseyin spielte im Mittelfeld und trug die Nummer acht. Wir, die Auswahl des Kreises Pirmasens, hatten an jenem Mittwochabend irgendwann im Sommer 1985 keine Chance gegen die Auswahl aus Kaiserslautern und ihren Kapitän. Hüseyin beherrschte den Ball perfekt, konnte aus 25 Metern schon fast so fest schießen wie Klaus Augenthaler und trat Ecken wie die Bundesligaspieler im Fernsehen: hoch und weit in den Strafraum hinein. Die Zweikämpfe mit Hüseyin scheuten wir bereits nach ein paar Minuten, die meisten von uns hatten Angst vor diesem »Türken«. Das war er für uns, obwohl er in Deutschland geboren war. Eine Debatte darüber, wie man mit den Kindern der zweiten, dritten Generation türkischer Migranten umgehen solle, gab es damals nicht. Die »Gastarbeiterkinder« würden irgendwann schon wieder dorthin zurückgehen, woher sie kamen. Damals habe nicht nur ich mir über solche Dinge keine Gedanken gemacht. Warum auch, ich kannte keine Türken. Außerdem war ich zu jung, Fan von Hans-Peter Briegel, dem FCK und den Ramones. Aber die erhitzten Diskussionen nach dem Spiel irritierten mich. »Der ist doch nie im Leben 14, der ist doch mindestens 20«, hieß es. »So einen Bart hat nicht einmal mein Vater.« Und: »Wer weiß, wer dessen Alter in den Pass geschrieben hat. Billig war das bestimmt nicht.« Kurze Zeit später wurde ich in die Südwestauswahl berufen, auch Hüseyin war dabei. Nun spielten wir in einer Mannschaft, aber was hieß das schon? Einmal foulte er im Training einen Mitspieler ziemlich rüde. »Scheiß Kümmeltürke«, erwiderte der aus einem Südpfälzer Weindorf stammende Junge. Hüseyin brauste auf, wie er das später auch immer wieder tat. Es kam zu einer kurzen Schubserei, Hüseyin fluchte auf Türkisch. Am Ende schüttelten sich die beiden die Hände, aber irgendetwas trennte ihn fortan noch mehr von uns, als dies ohnehin schon der Fall war. Allein dass er kein Schweinefleisch aß, machte ihn zum Außenseiter. »Hammelfresser«, nannten ihn ein paar Jungs deswegen. Es war vielleicht nicht so böse gemeint, wie es sich anhörte, aber Hüseyin zog sich fortan immer weiter zurück. »Für euch«, sagte er »bin ich doch bloß ein stinkender Türke.« Bald war Hüseyin, der bei einem Kaiserslauterer Vorortklub spielte, in der Szene nicht mehr gut beleumundet. Er trat nach, wenn er gefoult wurde und er beleidigte die Schiedsrichter, wenn er eine Entscheidung für falsch hielt. Hüseyin fühlte sich eigentlich immer benachteiligt. Irgendwann wurde er nicht mehr eingeladen in die Südwestauswahl. Disziplinlos sei er und einordnen in die Gruppe könne er sich auch nicht. Aber Hüseyin war auch nicht mehr so gut wie knapp zwei Jahre zuvor. Wir waren jetzt fast 16 und es schien, als sei der Riese geschrumpft. In Wirklichkeit aber waren wir anderen gewachsen. Hüseyin war nun nicht mehr der Größte, nicht mehr der Schnellste, seine Schüsse nicht mehr die härtesten und sein Bart war auch nur noch ein Schnauzer. Aber den hatten jetzt auch die Jungs, die Oliver, Andreas oder Tobias hießen. Nur eines blieb: die Angst vor Hüseyin, alle fürchteten seinen Zorn.

* * *

Am 18. November 2003 saß ich in einem kleinen Hotel im Istanbuler Stadtteil Sultanahmet. Von meinem Fenster aus sah ich die Hagia Sophia, Topkapi und die Blaue Moschee in der frühwinterlichen Sonne leuchten. Vom Bosporus tönten die tiefen Huptöne der großen Tanker hoch in die Stadt, die sich ihren Weg vom Marmarameer ins Schwarze Meer bahnten. Ich war zum ersten Mal in Istanbul und tippte gerade einen Bericht über das U-21-Länderspiel der Türkei gegen Deutschland in den Laptop, als mich der besorgte Redakteur einer deutschen Zeitung anrief und fragte, ob ich unversehrt sei. Ich hatte nichts mitbekommen von den Bomben, die Mitglieder von Al-Qaida vor einer englischen Bank und der Synagoge gezündet hatten. Viele Menschen kamen ums Leben. Tags zuvor war ich zum ersten Mal in einem türkischen Fußballstadion gewesen, die türkischen Talente waren in der EM-Qualifikation ausgeschieden. Deutsche Spieler wurden von aufgebrachten Fans mit Münzen und anderen Gegenständen beworfen. Sicherheitskräfte schlugen im Kabinengang auf deutsche Spieler ein. Alles okay bei mir, beruhigte ich den besorgten Redakteur, mein Bericht kommt in einer Stunde. Am Abend scheiterte der WM-Dritte Türkei im Ausscheidungsrückspiel für die EM 2004 gegen Lettland. Doch diesmal waren es die türkischen Spieler im Inönü-Stadion von Besiktas Istanbul, die mit Münzen, Wasserflaschen und anderen Gegenständen beworfen wurden. Am Tag meines Rückflugs ging ich im Park des Topkapi-Palastes spazieren, trank einen Tee und blickte hinunter auf den Bosporus, der die Stadt in eine europäische und eine asiatische Hälfte teilt. Ich sah die Fähren, die die Menschen von der einen Seite der Stadt auf die andere brachten, die kleinen Kutter der Fischer, die wie ein Anachronismus wirkten neben den riesigen Tankern. Der Bosporus, das verstand ich an diesem Tag, spendet den Menschen nicht nur Fische. Er spendet ihnen vor allem Trost. Ich wusste, ich würde wiederkommen.

* * *

Wir hatten nicht mehr als fünf Koffer dabei, als Sonja und ich mit unserem anderthalbjährigen Sohn Lennart an einem Mittwochmorgen im Juli 2004 in eine möblierte Wohnung in der Galipdede Caddesi im Istanbuler Stadtteil Beyoglu einzogen. Und ein paar Fragen, auf die ich mir Antworten erhoffte. Warum entscheiden sich über 80 Prozent türkischstämmiger Fußballtalente, für das Land ihrer Väter zu spielen und nicht für Deutschland, wo sie geboren sind? Warum schlafen selbst noch die Enkel der ersten Einwanderer in Bettwäsche von Fenerbahce, Galatasaray oder Besiktas Istanbul, und nicht in der von Bayern, Bochum oder Hertha Berlin? Warum bringen Türken englische Fans um, die »Unzucht mit der türkischen Flagge treiben«, wie es zwei Fans von Leeds United passiert war, nach einem UEFA-Cup-Spiel 2000 bei Galatasaray Istanbul? Warum sind alle Türken nur Fans der großen drei Istanbuler Vereine, egal ob sie in Sivas, Gaziantep oder Antalya leben? Wie kommt es, dass die Türken, im Ranking des Weltfußballs in den 70er Jahren noch auf einer Stufe mit Malta, plötzlich Dritter bei der WM 2002 werden konnten? Und warum hatten sie diese Ausgangsposition schon wieder verspielt? Der Fußball schien mir ein geeigneter Weg, diese merkwürdige, erst 1923 von Mustafa Kemal Atatürk gegründete Republik besser zu verstehen. Woher kommt der Minderwertigkeitskomplex, woher der Hang zu Fatalismus und Paranoia dieses aus den Ruinen des osmanischen Weltreiches entstandenen Staates? Und was hatte das alles mit Fußball zu tun?

Das Jahr unserer Ankunft 2004 war der Höhepunkt der

EU-Euphorie in der Türkei, über 70 Prozent der Türken votierten in Umfragen für einen EU-Beitritt, im Dezember sollte die EU den Beginn der Beitrittsverhandlungen empfehlen. Die Türkei schien sich zu öffnen, und das mit einer Regierungspartei mit islamischen Wurzeln. Mit Ersun Yanal trainierte ein junger Trainer die türkische Nationalmannschaft, der mit dem Verein Genclerbirligi aus Ankara fast die Phalanx der Istanbuler Serienmeister durchbrochen hatte und zudem Erfolge im UEFA-Cup feierte. Aber Ersun Yanal blieb nicht lang Trainer der Milli Takim. Dafür kehrte Fatih Terim zurück, mit ihm Stürmerstar Hakan Sükür und der 2004 vom Hof gejagte Verbandspräsident Haluk Ulusoy. Sie blieben auch im Amt, als die Türkei 2005 unter schändlichen Bedingungen gegen die Schweiz an der Qualifikation für die WM 2006 scheiterte. Bei der EM 2008 sind die Türken wieder dabei – mit Terim. Die PKK bombt wieder, Militär und Nationalisten kämpfen mit allen Mitteln um ihre Macht und ihre Privilegien, der armenischstämmige Intellektuelle Hrant Dink wird auf offener Straße erschossen und Nobelpreisträger Orhan Pamuk lebt nach Morddrohungen von Ultranationalisten im selbst gewählten Exil. Den Paragraph 301, der das Beleidigen des Türkentums unter Strafe stellt, gibt es noch immer. Den Beitritt zur EU wollten im Oktober 2007 nur noch rund 40 Prozent der Türken.

* * *

Im Juli 2006, nur drei Wochen nach der WM, die ohne die Türkei stattgefunden hatte, fand der türkische Süper-Kupa statt. Ausgetragen wurde er in Deutschland, wo 2,4 Millionen türkischstämmige Menschen wohnen. Aus der ganzen Bundesrepublik waren Türken und türkischstämmige Deutsche angereist, um Pokalsieger Besiktas und Meister

Galatasaray in der Frankfurter Commerzbank Arena zu bewundern. Seit einem Jahr lebten wir wieder in Deutschland und ich traf in Frankfurt einige türkische Journalistenkollegen wieder. Einer sagte: »Fenerbahce wurde letztes Jahr Meister, Galatasaray dieses Jahr und ich wette, dass heute Besiktas gewinnt.« Die Kollegen nickten zustimmend. Warum, fragte ich den Kollegen. »Das hier, mein Freund«, antwortete der Mann mit einem wissenden Lächeln in den Augen, »ist heute für 90 Minuten die Türkei.« Wieder nickten die anderen zustimmend und mit einem undurchsichtigen Lächeln. Besiktas gewann das Spiel 1:0. Hosgeldiniz – willkommen in der geheimnisvollen Welt des türkischen Fußballs.

Für Ruhm und Ehre

Er ist überall, wo Türken sind. Am 6. September 2006 auch überlebensgroß in der Commerzbank Arena zu Frankfurt am Main. Auf der Gegengerade sieht man sein Antlitz auf einem riesigen Banner über die Länge eines ganzen Blocks. Dem stechenden Blick aus tiefen, blauen Augen können sich die rund 300 Menschen auf der Haupttribüne an diesem lauwarmen Septemberabend nicht entziehen. Mustafa Kemal, genannt Atatürk, Vater aller Türken, ist dabei, als die türkische Fußball-Nationalmannschaft ihr erstes von drei Spielen in der Qualifikation für die Europameisterschaft 2008 in Österreich und der Schweiz unter Ausschluss des Publikums und außerhalb der türkischen Landesgrenzen absolvieren muss. Schläge und Tritte für Schweizer Spieler von türkischen Offiziellen und Spielern und die Würfe mit Münzen und anderen Gegenständen auf Schweizer Trainer und Ersatzspieler von den Rängen ließen der FIFA keine andere Wahl, als eine solche Strafe auszusprechen. Die Türkei war nach einem skandalösen Rückspiel in den Play-offs zur Qualifikation für die Weltmeisterschaft 2006 in Deutschland gegen die Schweiz im November 2005 gescheitert. Der 2002 noch so stolze türkische Fußball muss wieder von ganz unten anfangen.

An diesem Abend geht es in Frankfurt gegen Malta und unter dem Banner mit dem Antlitz Atatürks steht einer der berühmtesten Sprüche des Gründers der modernen Türkei: »Glücklich, wer ein Türke ist.« Der türkische Fußballverband hat sich manches einfallen lassen, um seinen Spielern wenigstens die Andeutung äußerer Unterstützung zu vermitteln. Neben Atatürk sind auf einem überdimensionalen

Plakat Zigtausende Köpfe türkischer Fans zu sehen, die kleine türkische Fahnen schwenken. Darunter steht zu lesen: »Glaubt ihr denn, wir lassen euch allein? 72 Millionen Türken sind bei euch!« Vor dem Stadion haben sich mehrere Dutzend Türken und türkischstämmige Deutsche zusammengefunden, um ihre Solidarität mit den gebeutelten Fußballern zu bezeugen. Sie singen türkische Fußballlieder, die im Stadion zu hören sind, als das Spiel losgeht. Wie ein ferner Hall aus den Kurven in den Stadien am Bosporus klingt das. Als aber nach 20 Minuten Spielzeit noch immer nichts passiert auf dem Rasen, schallt auf einmal ein schier ohrenbetäubendes »Türkiye, Türkiye« durch das fast menschenleere Stadion. Während die türkischen Journalisten mit einem Lächeln im Gesicht sitzenbleiben, rennen einige deutsche und maltesische Journalisten aufgeregt zur Balustrade der Pressetribüne, um zu schauen, ob sich türkische Fans verbotenerweise Zutritt in die Arena verschafft haben. Aber unten sind nur die je 75 Auserwählten der beiden Verbände zu sehen. Hinterher wird Dusan Fitzel, der Nationaltrainer Maltas, leicht irritiert feststellen: »Normalerweise essen und trinken die Offiziellen während eines Spiels auf der Tribüne.« An diesem Abend herrschen in Frankfurt aber andere Sitten.

Die türkischen Funktionäre sind Profis im Umgang mit so genannten Geisterspielen, sind diese doch seit Jahren die regelmäßige Ausnahme im Land. Und es gehört zur Folklore bei diesen Anlässen, dass die Anzugträger dann höchstselbst die Rolle der Kurve übernehmen. »Türkiye, Türkiye«, schallt es daher in Frankfurt durch die Arena, bis nach den beiden Toren von Nihat und Tümer in der zweiten Halbzeit der erste Sieg in der Kampagne auf dem Weg zur Europameisterschaft in den Alpen eingefahren ist. Die euphorischen Offiziellen aus der Türkei feiern anschließend so, als hätte die Milli Takim nachträglich die

WM 2006 gewonnen. Fatih Terim, der Nationaltrainer, sagt stolz: »Wir haben unter diesen schwierigen Bedingungen das Beste für unser Land erreicht.«

Im Fußball der Türkei geht es immer um Ruhm und Ehre für das ganze Land, und internationale Spiele gehören in der Türkei schon immer zu den wichtigsten Projektionsflächen nationaler Selbstbestätigung. »Wie nirgendwo sonst in der Welt ist das so«, schreibt der türkische Soziologe und Publizist Tanil Bora in seinem Aufsatz »Das Anwachsen des Nationalismus in der türkischen Fußballszene«. Fußball spielte eine wichtige Rolle im Herausbilden des nationalen Zusammenhalts und der nationalen Identität der laizistischen türkischen Republik von Gründungsvater Mustafa Kemal.

Atatürk, der Freiheitskämpfer, Staatspräsident und oberste Lehrer der Nation, ist in der Türkei allgegenwärtig. Ob im Bakkal, dem Krämerladen an der Ecke, in der Apotheke, beim Arzt, im Kaufhaus, im Restaurant, im Teehaus oder sonst wo – fast überall hängt sein Bild an der Wand. Niemand vermag die Zahl der Atatürk-Bilder, Atatürk-Büsten oder Atatürk-Denkmäler in der Türkei zu nennen. Vermutlich hat jeder Türke im Verlauf seines Lebens öfter dem 1881 in Thessaloniki (das damals noch im Osmanischen Reich lag und Selanik hieß) geborenen Volkshelden in die Augen gesehen als seiner eigenen Frau. Und wer sich an nationalen Symbolen vergeht, hat in der Türkei nicht mit Gnade zu rechnen. Im Oktober 2005 wurde ein 30-Jähriger, der eine Atatürk-Büste mit Farbe beschmiert hatte, zu 22 Jahren Haft verurteilt.

Im Jahr 1934 verlieh das türkische Parlament Mustafa Kemal in einer feierlichen Zeremonie den Namen Atatürk, Vater aller Türken. Die Säkularen in der Türkei sehen sich noch heute als Gralshüter der Lehre des Übervaters. Diese heterogene Gruppe geht von den Kommunisten über das

Militär und den Kemalisten bis hin zu den moderat islamisch geprägten Parteien. Selbst die radikalen Muslime, die ihn wegen seines Vorgehens gegen den zur Gründungszeit der Republik vorherrschenden Islam hassen, äußern das nicht laut. Atatürk ist die unangreifbare Ikone der Türkei.

Als einer der wenigen Generäle der osmanischen Armee erlangte er schon im Ersten Weltkrieg einige Berühmtheit, insbesondere durch den Sieg gegen die Invasionstruppen der Westmächte auf der Halbinsel Gallipoli. Der letzte Sultan Mehmet VI. Vahidettin entsandte Mustafa Kemal 1919 nach Samsun am Schwarzen Meer, um die Bedingungen des Waffenstillstandes von Sèvres durchzusetzen, nach denen das Land weitgehend unter die Kontrolle der alliierten Siegermächte England, Frankreich, Griechenland und Italien gefallen wäre. Mustafa Kemal aber widersetzte sich dem Befehl des Sultans und organisierte den »großen vaterländischen Freiheitskampf«. 1922 schlug sein »Volksheer des Widerstandes« das bis weit nach Anatolien vorgedrungene griechische Heer zurück. Im gleichen Jahr erklärte die neu gebildete Regierung die Abschaffung des Sultanats und am 29. Oktober 1923 proklamierte Mustafa Kemal die Republik. Das Osmanische Reich, das nach der Eroberung des von den Griechen bewohnten Konstantinopel im Jahr 1453 zeitweise halb Europa, beträchtliche Teile Nordafrikas und des Mittleren Ostens umfasst hatte, war endgültig Geschichte.

Es begann eine beispiellose politische und kulturelle Umwälzung. Der Fes wurde abgeschafft, Mustafa Kemal ließ sich in Anzug und Zylinder ablichten. Die islamische Scharia ersetzte europäische Rechtssysteme. Die Türkei hatte sich bis 1938 gänzlich verwandelt, als Atatürk im Dolmabahce-Palast, einem alten Sultanssitz am Ufer des Bosporus, an Leberzirrhose starb. Die aus dem Unabhängigkeitskampf gegen westliche Mächte entstandene Republik erlebte vor allem einen Prozess ethnischer Vereinheitlichung. »Der beste Freund des Türken ist ein anderer Türke.« Solche Sätze, die dem Staatsgründer zugeschrieben werden, lernen türkische Schulkinder heute noch und blicken beim Aufsagen dem »Vater aller Türken« direkt in die Augen, der auf einem Bild hinter dem Lehrerpult über sie wacht. Vor dem Beginn jeden Schultags wird die Nationalhymne gesungen. Außenpolitisch agierte Atatürk in den ersten Jahren der neuen Republik zurückhaltend, die revolutionären Veränderungen im Innern beanspruchten die Kräfte der türkischen Regierung voll. Ziel der Außenpolitik war die Mitgliedschaft in der »zivilisierten Welt«.

Es ist eine Ironie der Geschichte, dass die türkische Fußball-Nationalmannschaft ihr erstes offizielles Länderspiel bestritt, noch bevor die Republik ausgerufen war. Am 21. Mai 1923 wurde die kurz zuvor gegründete Türkiye Futbol Federasyonu, TFF, als 26. Mitglied in die Weltorganisation FIFA aufgenommen. Drei Tage vor der Proklamation der Republik endete das erste Länderspiel der Türkei im Istanbuler Taksim Stadion gegen Rumänien mit einem 2:2. Im ausgehenden Osmanischen Reich war »Tepük«, wie der Vorläufer des »Futbol« bei den Turkvölkern genannt wurde, nur für »Ausländer« und »nichttürkische Muslime« erlaubt gewesen. Auch die Gründung von Sportvereinen war verboten. Sultan Abdülhamit befürchtete, dass sich Aufständische in Sportklubs vereinigen könnten. Erst 1910 wurde das Vereinsverbot aufgehoben. In Izmir veranstalteten englische Unternehmer und in Istanbul englische Rechtsanwälte schon Ende des 19. Jahrhunderts Fußballspiele und gründeten erste Fußballklubs. Auf den Wiesen in Kadiköy und Moda, den Stadtvierteln auf der asiatischen Seite Istanbuls, erfreute sich das Spiel der Ausländer schnell großer Aufmerksamkeit.

Das erste Team mit ausschließlich türkischen Spielern gründete sich um die Jahrhundertwende in Kadiköy und gab sich den englischen Namen Black Stockings. Die Black Stockings bestritten 1901 auf den so genannten Priester-Wiesen in Kadiköy das erste Spiel einer türkischen Mannschaft gegen eine Auswahl aus Istanbuler Griechen. Das Fußball-Fieber war in der Metropole am Bosporus endgültig ausgebrochen. Engländer und Griechen gründeten im selben Jahr den ersten Fußballklub Istanbuls, den Kadiköy Fußball Klub. Wegen Streitigkeiten unter den beiden Volksgruppen gründeten die Engländer bald ihren eigenen Klub, den Moda Fußball Klub. Andere Griechen waren Gründer der Klubs Elpis und Imoges, und 1903 schließlich war die Zahl der Fußballklubs in der Metropole des untergehenden Osmanischen Reichs groß genug, dass die Istanbuler Fußball-Liga entstehen konnte, die erste organisierte Liga der Türkei. Die heute noch dominierenden Vereine des Landes entstanden damals auch, zunächst Besiktas 1903 als Gymnastik Klub. Es folgte Galatasaray 1905 als erster reiner Fußball-Klub, gegründet von zehn Studenten des französischen Gymnasiums im gleichnamigen Stadtteil auf der europäischen Seite. Bei der Wahl des Klub-Mottos bewiesen die Männer aus der Istanbuler Bourgeoisie fast seherische Fähigkeiten. »Um zusammen zu spielen wie die Engländer, um eine Farbe und einen Namen zu tragen und um die nichttürkischen Teams zu schlagen.« Schließlich kam 1907 das Nesthäkchen Fenerbahce hinzu und machte das Triumvirat der »üc büyük«, der großen Drei, komplett, die den türkischen Fußball bis heute dominieren. Diese drei Klubs gaben dem Sport in der Türkei eine neue Perspektive, Fußball entwickelte sich bis zur Gründung der TFF und der Republik im ganzen Land.

Klubs in Anatolien entstanden in dieser Zeit in Izmir, Ankara, Eskisehir, Bursa, Adana oder Trabzon. Es etablierten sich viele kleine Ligen, bis schließlich mit dem Ausbruch des Ersten Weltkriegs der Ligafußball in der Türkei fast elf Jahre stillstand. Doch vor allem in der Zeit des so genannten »großen vaterländischen Befreiungskrieges« unter Mustafa Kemal wurden Siege von türkischen Fußballmannschaften in Istanbul gegen Soldaten der Okkupationsmächte als legendäre Ereignisse nationalen Widerstands verstanden. Tausende kamen zu diesen Spielen und feierten die Helden euphorisch. Stellvertretend für die kämpfende Armee errangen die Fußballer Siege gegen die Besatzer und zeigten zugleich, dass man die Europäer selbst in dem von ihnen eingeführten Sport besiegen konnte. Fenerbahce zum Beispiel spielte von 1914 bis 1921 insgesamt 68 Mal gegen Engländer und Franzosen und gewann 60 Spiele, nur vier wurden verloren.

Nach dem gewonnenen Befreiungskrieg wurden von den Klubs ausländische Trainer verpflichtet, vorwiegend aus den damals diesen Sport prägenden Nationen Ungarn, Österreich und England. Zur Vorbereitung der türkischen Fußballauswahl auf die Olympischen Spiele 1924 in Paris wurde der Schotte Billy Hunter engagiert. Das 2:5 gegen die Tschechoslowakei bei Olympia in Frankreich war das erste Match einer türkischen Mannschaft im Ausland. Die ersten Schiedsrichter- und Trainerausbildungskurse entstanden, bevor 1938 der türkische Sport unter das Gesetz des staatlichen Direktorats zur Ausbildung des Physischen Trainings gestellt wurde. Bis Anfang der 1990er Jahre stand der türkische Sport unter der Knute des Staates.

Die Anfangsjahre müssen im Sinne des von Atatürk ausgegebenen Diktums verstanden werden, dass sich die Türkei als ein Mitglied der »zivilisierten Welt« etablieren müsse. Anders ist etwa nicht zu begreifen, warum die Akteure der türkischen Nationalelf, die 1954 in der Schweiz die Türkei erstmals bei einer Weltmeisterschaft vertraten, noch heute als Helden verehrt werden, obwohl sie deftige Niederlagen einstecken mussten. Schon 1950 hatte sich die Türkei durch ein 7:0 gegen Syrien in den Play-offs für die Weltmeisterschaft qualifiziert. Aber der türkische Staat hatte kein Geld, die aufwendige Reise der Mannschaft nach Brasilien zu bezahlen. In die Play-offs zur WM 1954 gegen Spanien ging die Türkei als krasser Außenseiter. Es war eine große Überraschung, als die Türken nach einer 1:4 Hinspielniederlage im Rückspiel die Iberer mit 1:0 besiegten und ein Entscheidungsspiel auf neutralem Boden in Rom erzwangen. Damals zählte nicht das Torverhältnis. Nach dem Schlusspfiff in Rom war mit dem 2:2-Unentschieden noch immer kein Sieger gefunden. Die Entscheidung musste per Münzwurf fallen. Der türkische Kapitän Turgay erinnerte sich später, dass ihn ein italienischer Balljunge fragte, ob er die Seite der Münze wählen könne, die über das Glück oder Unglück des türkischen Fußballs in diesem Moment entscheiden sollte. Turgay übergab ihm die Verantwortung und der Junge, dessen Name Franco sich ins kollektive Gedächtnis der türkischen Fußballanhänger einbrennen sollte, entschied sich für »Zahl«. So kam es und die Türkei war für die WM 1954 qualifiziert. Doch sie schnitt in der Schweiz schlechter ab als erwartet. Nach der 1:4-Auftaktniederlage gegen Deutschland wurde zwar Südkorea 7:0 besiegt, aber in der entscheidenden Begegnung – wieder gegen den späteren Weltmeister aus Deutschland – setzte es eine deftige 2:7-Niederlage. Doch der Stolz, zum ersten Mal im Turnier der besten 16 Mannschaften dabei gewesen zu sein, überwog in der Nachbetrachtung. Man hatte sich schließlich als »vollwertiges Mitglied der zivilisierten Welt« präsentiert. Was zählte, war das Dabeisein in der Welt, die für Atatürk das Vorbild seiner Republik war. »Diese Wahrnehmung ging konform mit der Modernisierung und den Zielen des Nation-Building und ging zudem einher mit den Grundbedingungen einer Gesellschaft, die noch nicht von populärer Kultur und den Massenmedien durchdrungen war«, schreibt der Soziologe Bora, der zugleich einer der bekanntesten Fußballpublizisten des Landes ist. So ging beispielsweise der 3:1-Sieg der türkischen Nationalmannschaft 1956 gegen Ungarn als »legendäres« Ereignis in die türkische Geschichtsschreibung ein.

1959 wurde eine nationale Liga gegründet, die heutige Süperlig. In den Jahren zuvor war der Landesmeister aus den Siegern der verschiedenen Regionalmeisterschaften ermittelt worden. Grundpfeiler für die Verankerung in der westlichen Welt wurden die Mitgliedschaft im westlichen Militärbündnis Nato 1952 und, noch mehr, die Aufnahme der Türkischen Fußball Föderation in die UEFA, den Dachverband aller nationalen Fußballverbände Europas. Bis heute ist die UEFA die einzige europäische Institution, in der die Türkei vollwertiges Mitglied ist.

In ihrer Beziehung zu Europa befindet sich die Türkei in einem Dilemma. Einerseits gilt noch der von Atatürk propagierte Weg des Nacheiferns, andererseits sorgt das für ein Minderwertigkeitsgefühl gegenüber Europa und eine Mauer der Ablehnung gegen das ethnisch-kulturell Andere. »Wer in der Türkei lebt, ist Türke«, lautet das Dogma Atatürks, das die Grundlage des Umgangs des türkischen Staates mit seinen Minderheiten ist. Wer diesen Grundsatz in Frage stellt, stellt damit die Staatsraison und die Einheit der Türkei in Frage. Der Umgang mit den Kurden und der eigenen Vergangenheit des Massenmords an den Armeniern im Ersten Weltkrieg sind weiterhin Tabus, die nationalistische Reflexe nach sich ziehen. Der Fußball ist dabei eine große Projektionsfläche für die Nationalisten.

Anfang der 1990er Jahre wurden Staat und Sport sowie Medien getrennt, es entstanden unzählige TV-Programme, Radioprogramme und Sportzeitungen, die sich mit Fußball beschäftigten. Ihm wurde so der Weg in die populäre Kultur und damit in eine breitere Öffentlichkeit geebnet. Dabei spielten die Medien ein doppeltes Spiel. Sie schlachteten die Erfolge Galatasarays und der aufstrebenden türkischen Nationalmannschaft zum maximalen Profit aus, indem sie über den Fußball Fragen der türkischen Identität und des nationalen Selbstverständnisses transportierten. Die Spiele der türkischen Nationalmannschaft und der türkischen Vereinsmannschaften in Europa finden seitdem mit immer stärkeren Emotionen und offenerer Feindseligkeit statt. Seit dem Aufkommen der PKK, dem militärischen Arm der kurdischen Separatistenbewegung, unter deren Führer Abdullah Öcalan Ende der 1980er Jahre fand die nationalistische Agitation in bis dahin ungekanntem Maße im Fußball statt. Resonanzboden für die atatürksche Einigkeit des Staates (»Wer in der Türkei lebt, ist Türke«) waren besonders die internationalen Spiele. Fußballsiege sollten helfen, »durch die harten Zeiten zu kommen«. Denn der Kampf des türkischen Militärs gegen die PKK-Rebellen kostete mehrere tausend Soldaten das Leben. Insgesamt kamen in der Zeit des Bürgerkrieges bis zum vorläufigen Gewaltverzicht der PKK 2002 rund 35 000 Menschen ums Leben.

Als die Türkei am 5. Juni 1999 in Helsinki auf Finnland traf, begann gerade der Prozess gegen PKK-Führer Öcalan. In Helsinki gelang es einigen PKK-Sympathisanten auf den Platz zu rennen und auf Bannern ihre Parolen über die Bildschirme in die Welt zu transportieren. Das internationale Ansehen der Türkei war damals wegen des Vorgehens des Militärs auch gegen die Zivilbevölkerung stark angekratzt. Die Regierung von Mesut Yilmaz sah sich großem innen- und außenpolitischen Druck ausgesetzt und die Nationalisten fanden sich in ihrem Glauben bestätigt, die Türkei sei im Innern wie von außen von Feinden umzingelt. Der Sender *Star TV* sendete nach dem 4:0-Sieg in Finnland in Untertiteln als Endlosschleife die Botschaft: »Wir haben beide besiegt, die Finnen und die Verräter ... Das schönste Geschenk für die Mütter der Märtyrer war dieser Schlag ins Gesicht der Verräter.« Auf den Sportseiten der Tageszeitungen zählte ein Journalist der liberalen Zeitung *Radikal* am Montag nach dem Spiel 29-mal das Wort »Sehit« und 23-mal das Wort »Mehmetcik« als hochachtungsvoll gemeinte Bezeichnung für die türkischen Spieler nach dem Triumph. »Sehit« bedeutet Märtyrer und wird für Soldaten verwendet, die im Dienst des Vaterlandes sterben. Mehmetcik ist eine Verkleinerungsform von Mehmet und ist im Türkischen das Synonym für Soldat. Zugleich wurden die Finnen zur Zielscheibe nationalistischen Furors, weil sie es zugelassen hatten, dass die PKK-Sympathisanten aufs Spielfeld gelangten und weil die finnische Regierung wie die meisten europäischen Regierungen in den Jahren zuvor für die unterdrückten Kurden Sympathie gezeigt hatte. Der türkische Mittelstürmer Hakan Sükür widmete seine Tore und den Sieg indes »den Müttern der Märtyrer und den türkischen Soldaten«, die gegen die PKK kämpften. Als die Maschine mit der türkischen Nationalmannschaft in den frühen Morgenstunden des darauffolgenden Tages auf dem Istanbuler Atatürk-Flughafen landete, wurde sie von einer Gruppe von Soldatenmüttern empfangen, die den Slogan »Märtyrer sterben nie, die Einheit des Staates ist endgültig« schrien. Hakan Sükür und Tayfur, beides Torschützen im Finnland-Spiel, posierten anschließend für die Zeitung *Star* betend vor dem Erinnerungsdenkmal gefallener Soldaten auf dem Friedhof des Istanbuler Stadtteils Edirnekapi. *Star* titelte am gleichen Tag auf Seite eins: »Märtyrer sterben nie, die Türken lassen sich nie besiegen.«

Die nationalistische Presse schickte die Nationalmannschaft immer wieder auf Missionen für das von Feinden umzingelte Land. Als Galatasaray im August 1999 in der Qualifikation für die Gruppenphase der Champions League auf Rapid Wien traf, schickte die Zeitung *Sabah* die Mannschaft und ihren Trainer Fatih Terim mit der Adresse auf die Reise: »An Terim von Merzifon und die Janitscharen aus Anlass der Eroberung Wiens.« Merzifon war der Geburtsort des Groswesirs Kara Mustafa, der 1683 an der Eroberung Wiens gescheitert war und daraufhin auf Befehl des Sultans erdrosselt wurde. Als Janitscharen wurden die Elitekämpfer des Osmanischen Reichs bezeichnet.

Die nationalistische Grundstimmung, die den türkischen Fußball seit Ende der 1980er Jahre immer mehr prägte, ergriff auch die Ligaspiele. Seit 1992 wird als Reflex auf den PKK-Terror, der durch Bombenanschläge vom Südosten des Landes auch in die Metropolen der Westtürkei getragen wurde, vor jedem Ligaspiel die Nationalhymne gespielt. Als kurz nach der Verhaftung von PKK-Führer Abdullah Öcalan im Februar 1999 das Pokalhalbfinale stattfand, betraten die Spieler den Rasen mit der türkischen Flagge und das ganze Stadion skandierte: »Märtyrer sterben nie, die Einheit des Staates ist endgültig.« Überzeugte Nationalisten versuchten in den 1990er Jahren aktiv die Kurven in den Fußballstadien als Plattform für ihre Zwecke zu nutzen. Neben Fahnen der Türkei wehten von nun an in den Kurven scheinbar selbstverständlich Flaggen mit dem Symbol der rechtsradikalen Grauen Wölfe. Die rechts-nationale Miliyetci Hareket Partisi (MHP), Nachfolge-Partei der Miliyetci Calisma Partisi (MCP), versuchte durch die Installierung sympathisierender Gefolgsleute ihre nationalistische Propaganda in den Klubs und in den Kurven zu verankern. Als 1993 Güven Sazak, Mitglied einer der MHP nahestehenden Familie, zum Präsidenten von

Fenerbahce gewählt wurde, engagierte er den MCP-Politiker und früheren Fußball-Profi Cemil Turan als Manager. Doch dieses Management war nicht von langer Dauer, zu durchschaubar war der Versuch, Fener als Spielball politischer Absichten zu missbrauchen. Nach einem Jahr Sazak war Schluss.

Auf dem Höhepunkt des Bürgerkrieges des türkischen Militärs gegen die PKK in den 1990er Jahren war es für viele, die in den Stadien einfach nur Sport sehen wollten, schwierig, sich der nationalistischen Stimmung zu entziehen. Wer die entsprechenden Parolen nicht mitsang oder sich davon genervt zeigte, lief Gefahr, als PKK-Sympathisant bezichtigt zu werden. Eine der exzessivsten nationalen Mobilisierungen ging dem Champions-League-Spiel Galatasaray Istanbul gegen Juventus Turin 1999 voraus. Die italienische Regierung hielt damals PKK-Führer Öcalan in Haft und weigerte sich, ihn der Türkei zu übergeben. Die Italiener galten dadurch als außenpolitischer Staatsfeind Nummer eins, italienische Waren wurden öffentlich verbrannt, die italienischen Botschaftsgebäude und Konsulate vom aufgehetzten Mob mit Steinen beworfen. Die UEFA entschied daher zunächst, das Spiel in Istanbul zu verlegen. Diese Entscheidung wurde von den türkischen Medien als eine »europäische Verschwörung« angesehen, um die PKK und Öcalan zu schützen und der Türkei zu schaden. Als die UEFA sich dann doch entschied, das Spiel eine Woche später stattfinden zu lassen, wurde die Mannschaft von Juventus am Atatürk Flughafen von einem martialischen Polizeiaufgebot empfangen. 22 000 Polizisten sorgten für die Sicherheit der Turiner Mannschaft auf ihrem knapp einstündigen Weg vom Flughafen bis zum Ali Sami Yen Stadion im Istanbuler Stadtteil Sisli. Das Spiel fand in aufgeheizter Stimmung statt. Um das ganze Spielfeld waren in mehreren Reihen Polizisten postiert. Ging der Spielball ins

Aus, prallte er wie eine Flipperkugel von der dunkelblauen Wand zurück auf den Platz.

Es ist eine der vielen Widersprüche im Verhältnis der Türkei zu Europa, dass sie damals trotzdem bewundernd nach Europa blickte. Die türkischen Zeitungen gaben etwa den einheimischen Spielern Beinamen europäischer Stars, um ihren Rang zu erhöhen. Galatasarays Mittelstürmer Hakan Sükür wurde als van Basten Hakan bezeichnet. Mehmet Scholl, Sohn eines türkischen Vaters, der für die deutsche Nationalmannschaft spielte, wurde als »erfolgreicher Türke« gefeiert.

Erfolge in Europa führten dazu, dass Galatasaray Ende der 1990er Jahre zum führenden Klub der Türkei aufstieg und die Massen hinter sich brachte. Als Galatasaray 1993 Manchester United aus der Champions League warf, steigerte der Erfolg das Selbstvertrauen der Türkei als Nation. Der damals populärste Schlachtruf in den Kurven lautete: »Europa, Europa, höre unsere Stimme / höre den Klang der anmarschierenden türkischen Schritte.« Europa schien endgültig herausgefordert. »Von nun an fürchten wir uns nicht mehr vor ihnen, sie sollen sich vor uns fürchten«, schrieb die Zeitung *Fotomac* im Oktober 1993. Es war wie zu den Anfängen des Spiels auf den Wiesen von Kadiköy und Moda, als während des »großen vaterländischen Freiheitskampfes« die Soldaten der Besatzungsmächte im Fußball besiegt wurden. Als 2000 Galatasaray als erste und bislang einzige türkische Mannschaft im Elfmeterschießen gegen den FC Arsenal aus London den UEFA-Cup gewann, feierten auf der Tribüne im Kopenhagener Parken Stadion 200 türkische Parlamentsabgeordnete und zwölf Minister den Triumph des Teams von Trainer Terim, den sie längst »Imparator«, Kaiser, nannten. Aus Anlass dieser Partie wurde in der Türkei sogar die parlamentarische Woche unterbrochen.

Die gekränkte Volksseele hatte einen Grund zu triumphieren und alle Projektionen, die die Türken in den Fußball legen, wurden erfüllt. Ähnlich wurde auch der dritte Platz bei der Weltmeisterschaft 2002 in Japan und Korea wahrgenommen. Als die Mannschaft von Trainer Senol Günes ins Halbfinale einzog, feierte ein ganzes Land enthemmt. Sieben Türken kamen ums Leben, die unter die Autos jubelnder Landsmänner gerieten. Zur Folklore bei Jubelfeiern gehören in der Türkei auch Freudenschüsse. An jenem Abend gingen einige der zigtausend mit scharfer Munition abgefeuerten Kugeln nicht in den Himmel, 27 Menschen wurden verletzt. Auch die fliegenden Fahnenverkäufer machten an diesem Abend wieder ein großes Geschäft. Wie immer an nationalen Feiertagen wie zum Beispiel dem Jahrestag des Todes von Atatürk, der Republikgründung oder eben den Länderspielen der Fußball-Nationalmannschaft.

Es gibt wohl keinen türkischen Haushalt ohne Flagge. Die Anlässe sind viel, an denen man sie aus dem Fenster hängen muss. An Todestagen Atatürks scheint die Türkei unter einer einzigen großen Fahne zugedeckt. Die Türken, das kann man sagen, sind die führenden Fahnenexperten auf dem Globus. Das türkische Flaggengesetz schreibt vor, dass die linke Sternspitze und die obere Spitze des Halbmondes nicht auf einer Geraden liegen. Die Legende sagt, dass sich Halbmond und Stern über einem Schlachtfeld in einer Blutlache gespiegelt haben und ein osmanischer Hellebardier dieses Szenario festhielt. Weißer Halbmond und weißer Stern auf rotem Grund, der Blut gefallener Soldaten symbolisiert. Kein Wunder, dass die Flagge den Türken heilig ist. Hätten Christopher Loftus und Kevin Speight dies gewusst, wären sie heute noch am Leben.

Doch die beiden betrunkenen Anhänger des englischen Vereins Leeds United wussten das nicht und wischten sich mit dem türkischen Heiligtum den bloßen Hintern ab. Das wurde ihnen zum Verhängnis, denn aufgebrachte Galatasaray-Hooligans erstachen Loftus und Speight vor dem UEFA-Cup-Halbfinalspiel im April 2000 in der Nähe des Istanbuler Taksimplatzes. Die des Mordes angeklagten Türken erschienen zum Prozess mit roten T-Shirts mit weißem Halbmond und weißem Stern. In den türkischen Medien wurde das Verhalten der Ermordeten in den Vordergrund gerückt und als Provokation beschrieben. Die Zeitung *Hürriyet* schrieb am 7. April 2000: »Die englischen Hooligans sind für die Vorfälle verantwortlich, die die Fußballwelt tief bestürzt haben. 100 englische Hooligans kamen nach Taksim und haben einen Skandal verursacht, durch das Trinken von zu viel Alkohol und das Belästigen der Leute.« So sah die große Mehrheit der türkischen Öffentlichkeit diesen Doppelmord.

Dabei schienen die Erfolge des Fußballs im jungen Jahrtausend noch zu einem entspannteren Selbstwertgefühl beizutragen. Als im Dezember 2004 die EU die Beitrittsgespräche mit der Türkei offiziell für eröffnet erklärt hatte, lag die Zustimmung der türkischen Bevölkerung für einen EU-Beitritt bei über 70 Prozent. Die PKK bombte nicht mehr, die AKP-Regierung von Ministerpräsident Recep Tayyip Erdogan hatte die EU-Kriterien erfüllt und begann in der Kurdenfrage, wenn auch vorsichtig, eine neue Politik. Krankenhäuser, Schulen und Straßen wurden in kleiner Menge im von allen Vorgängerregierungen sträflich vernachlässigten Südosten der Türkei gebaut. Kurdischsprachige Sendungen im Fernsehen wurden erlaubt, zwar limitiert, aber immerhin. Die islamisch geprägte Partei, deren Gegner ihr bis heute die versteckte Agenda vorwerfen, die Türkei zu einem Gottesstaat nach dem Vorbild des Iran umbauen zu wollen, hat in ihrer Amtszeit mehr demokratische Reformen umgesetzt als alle anderen

Regierungen zuvor. Doch die alten Tabus sind noch nicht überwunden.

Und als die PKK bei zwei Anschlägen im Oktober 2007 12 türkische Soldaten tötete und der militärische Konflikt wieder aufflammte, übertrug sich die aufgeheizte Stimmung sofort in die Fußballszene. Als die Milli Takim in der EM-Qualifikation in Moldawien antrat, salutierten die Spieler beim Erklingen der Nationalhymne wie Soldaten. Ein paar Tage später hingen im Ali Sami Yen Stadion von Galatasaray gegen Griechenland Banner mit der Parole: »Hepimiz Mehmetcigiz – Wir sind alle Soldaten.« Die Türkei verlor 0:1 gegen den Erzrivalen, der sich dadurch vorzeitig für die EM 2008 qualifizierte. In der zu Fatalismus neigenden Türkei glaubte niemand mehr an die Teilnahme der Fußballer beim Großereignis in den Alpen. Das dritte Scheitern nacheinander drohte: Überheblichkeit ließ die Türken gegen Lettland bei der Qualifikation zur EM 2004 scheitern, dann gab es das Aus gegen die Schweiz während der K.-o.-Runde zur WM 2006. Und nun? Kurve und Medien forderten die Entlassung von Fatih Terim, der dabei war, »sein eigenes Denkmal zu zerstören«, wie die Zeitung *Fotomac* schrieb. Aber Terim blieb im Amt und opferte den alten Weggefährten, die Stürmerlegende Hakan Sükür. Die beiden abschließenden Spiele in Norwegen und gegen Bosnien-Herzegowina wurden gewonnen. Terim war wieder der Held, der auf den Schultern seiner Spieler gefeiert wurde. Oben auf der Tribüne fiel seine Tochter in Ohnmacht, Ehefrau Fulya weinte Tränen der Freude. Und die Kolumnisten, die ihn vier Wochen zuvor noch aus dem Amt jagen wollten, lobten ihn als »den Eroberer Europas«. Fatih bedeutet übersetzt »Eroberer«.

Im Februar 2007 trafen sich in der Istanbuler Bilgi Universität renommierte Historiker, Psychologen und Journalisten zu einem bemerkenswerten Symposium und stellten hoch brisante Fragen. Baut die nationale Identität der Türkei auf einer kollektiven Amnesie der Ereignisse vor der Republikgründung 1923? Was wären die größten Schwierigkeiten, würde das Land sich mit seiner eigenen Geschichte auseinandersetzen? Könnte die Auseinandersetzung mit der Geschichte der Türkei den Weg zum sozialen Frieden ebnen? Allein die Fragen zu stellen, rüttelte an mehreren Tabus, weswegen der Psychologe Murat Parker auch einen optimistischen Ausblick in die Zukunft wagte: »Die Gesellschaft beginnt, über die kurdische Frage zu reden, über die armenische Frage zu reden, die Rolle des Militärs in der Politik und andere Themen zu reden. Das ist ein Fortschritt, der vor zehn Jahren noch undenkbar war.« Wie schizophren und voller Widersprüche die offizielle türkische Politik ist, erläuterte der Historiker Ahmet Insel am Beispiel des Umgangs der offiziellen Türkei mit dem ehemaligen Ministerpräsidenten Adnan Menderes. Zwar sind Flughäfen und Universitäten nach ihm benannt, aber warum und unter welchen Umständen er nach dem Militärputsch von 1961 zum Tode verurteilt wurde, wird nicht thematisiert. »Die Politikstrategie der Türkei ist es, die Vergangenheit systematisch zu vergessen, der Westen hingegen konstruiert seine Vergangenheit durch eine systematische Beschäftigung damit«, meint der Historiker Insel. Die Haltung der offiziellen Türkei, einen Völkermord an den Armeniern in der Endphase des Osmanischen Reiches zwischen 1915 und 1918 habe es nie gegeben, sei auf Dauer nicht aufrechtzuerhalten, konstatierte der bekannte Journalist Mehmet Ali Birand in einer seiner Kolumnen in der *Turkish Daily News* Ende Dezember 2007. Er fordert die Einsetzung einer unabhängigen Historiker-Kommission der UNO zur Untersuchung der Ereignisse.

Der türkische Schriftsteller Orhan Pamuk sagte 2005 in

einem Interview mit dem *Tagesanzeiger* aus Zürich: »In der Türkei wurden eine Million Armenier und 30 000 Kurden umgebracht. Ich sage das ganz deutlich und deswegen hassen die Nationalisten mich.« Ein Vertreter der Anwaltskammer aus Kayseri zeigte Pamuk wegen der »Verunglimpfung des Türkentums« an. Der Gummiparagraph 301 des türkischen Strafgesetzbuchs stellt die Beleidigung des Türkentums unter Strafe und ist der größte Hemmschuh in den Beitrittsverhandlungen mit der EU. Pamuk bekam Morddrohungen und ging ins Exil nach New York. Ein Dilemma für die Türken, denn kurze Zeit später überreichte das Nobelkomitee in Stockholm Pamuk als erstem Türken den Literaturnobelpreis. Eigentlich ein Grund stolz zu sein, aber kann ein Vaterlandsverräter wie Pamuk zu Ruhm und Ehre der Türkei beitragen?

Auch in den Fußballstadien war und ist die armenische Frage immer ein Thema. Im Januar 2007 wurde Pamuks Freund Hrant Dink, der armenischstämmige türkische Journalist und Herausgeber der Zeitschrift *Agos*, am helllichten Tag vor dem Redaktionsgebäude im Istanbuler Stadtteil Sisli auf offener Straße vom 17 Jahre alten Ogün Samsat erschossen. Der aus Malatya stammende Dink, dem die Aussöhnung zwischen Türken und Armeniern eine Herzensangelegenheit war, stand unter Anklage wegen »Beleidigung des Türkentums«. Nach dem Mord des von Nationalisten instrumentalisierten Samsat gingen in Istanbul Hunderttausende auf die Straße. Sie hielten Schilder und Plakate, auf denen stand: »Wir sind alle Armenier. Wir sind alle Hrant Dink.« Der Präsident des Drittligisten Adana Demirspor, Adem Ailgan, wollte seine Mannschaft am darauffolgenden Wochenende ein Banner mit eben jener Aufschrift vor dem Anpfiff zeigen lassen. Die Türkische Fußball Föderation untersagte dies. Offizielle Begründung: »Diese Aktion hat nichts mit Sport zu tun.« Die TFF bestätige ihren Ruf, ein Verband von Nationalisten zu sein. Solidaritätsbekundungen für einen ermordeten Journalisten armenischer Herkunft werden untersagt, Jahrestage der Gründung der türkischen Polizei aber auf Geheiß der TFF in Fußballstadien gefeiert. Am folgenden Wochenende meldeten sich die Nationalisten in den Fußballstadien zu Wort. In vielen Arenen waren Banner mit der Aufschrift zu sehen: »Wir sind alle Türken. Wir sind alle Mustafa Kemal.«

Am schlimmsten war es in Trabzon. Aus der Stadt am Schwarzen Meer stammt der Mörder Dinks. In der Fankurve trugen viele eine weiße Wollmütze, die jener ähnlich war, die der gefasste Samsat auf einem Fahndungsfoto getragen hatte. Der Mob skandierte den Namen des Mörders und schrie: »Märtyrer sterben nie, die Einheit des Staates ist endgültig.« In Malatya, Dinks Heimatstadt, breiteten die Anhänger von Elazigspor ein Plakat aus, auf dem zu lesen war: »Wir sind keine Armenier, Wir sind nicht aus Malatya, Wir sind aus Elazig, Wir lieben die Türkei.« Erst auf Druck des für Sport zuständigen Ministers reagierte die TFF auf die Schmähungen in den Stadien. Als sonderlich harte Strafe kann man die 17000 Euro, die Trabzonspor bezahlen musste, allerdings nicht bezeichnen. Drei Anhänger von Elazigspor bekamen Stadionverbot.

Auch in deutschen Großstädten war danach wie in Istanbul in bestimmten Kreisen das Tragen einer weißen Wollmütze, die der des Mörders glich, en vogue. Quasi zur Demonstration der »guten« nationalen Gesinnung. Der Prozess gegen die Mörder geriet zur Farce. Beweise wurden von der Justiz zurückgehalten, nach denen die Auftraggeber des Mordes aus dem militärisch-polizeilichen Komplex kommen. Die Polizeikräfte, die Samsat verhafteten, machten Fotos gemeinsam mit dem lachenden Täter, der die türkische Fahne in der Hand hielt.

»Was wir brauchen, um wirklich in Europa anzukommen, ist ein Mentalitätswechsel«, sagte der türkische Ministerpräsident Erdogan. Die Gralshüter der Lehren Atatürks aber werden ihre Macht nicht so leicht hergeben. Vor allem im Fußball sind die Vertreter der alten Türkei noch am Ruder. In der Qualifikation für die Fußball-WM 2010 wurden Armenien und die Türkei in eine Gruppe gelost. Darin liegt zugleich Chance und Gefahr. Übrigens: Der Flughafen auf der asiatischen Seite Istanbuls ist nach einer Adoptivtochter Atatürks benannt. Dort landen die Billigflieger mit den türkischstämmigen Fans der großen Istanbuler Klubs aus Deutschland an Bord, die in den neuesten Fan-Artikeln gekleidet nach ein paar Tagen wieder die Heimreise antreten. Sabiha Gökcen, so der Name von Atatürks Adoptivtochter, war die erste weibliche Kampffliegerin der Türkei. Sie hatte vermutlich armenische Vorfahren.

Die goldenen Jahre

Senes Erzik kann sich noch genau an die Demütigung erinnern. Das 0:8 der türkischen Nationalmannschaft am 14. Oktober 1987 im Qualifikationsspiel für die Europameisterschaft 1988 gegen England im Londoner Wembley-Stadion kam dem Juristen wie ein Déjà-vu-Erlebnis vor. Fast genau drei Jahre zuvor ging die Milli Takim in Istanbul mit dem gleichen Ergebnis gegen den gleichen Gegner unter. »So konnte es nicht weitergehen. Es war überhaupt keine Entwicklung bei der Nationalmannschaft zu erkennen«, erzählt Erzik, ein sachlicher, ruhiger Mann, der seine Worte genau wählt. Nach seinem Abschluss an der Bogazici Universität in Istanbul arbeitete der 1942 in Giresun geborene Erzik für die Sinai Yatirim ve Kredi Bank und später für die UNO. Dort sammelte er internationale Erfahrung und perfektionierte sein Englisch. Erzik war auf dem internationalen Parkett zu Hause und es war nur logisch, dass der ehrgeizige Mann 1989 zum Vorsitzenden der darbenden Türkischen Fußball Föderation gewählt wurde. Die Weitsicht Erziks ging nicht so weit, dass er heute sagen würde, er hätte schon damals geahnt, dass die Türkei innerhalb von 13 Jahren die Verwandlung von einem Fußball-Entwicklungsland zum stolzen WM-Dritten 2002 vollziehen würde. Dazu ist Erzik zu bescheiden, der heute Vize-Präsident der UEFA ist und in einem Büro im Istanbuler Stadtteil Karaköy am Ufer des Bosporus residiert. Mit dem Amtsantritt Erziks aber, so viel steht fest, wurde der Grundstein jener Erfolge gelegt, die von 1990 an die goldene Ära des türkischen Fußballs begründeten. Erzik war der Wegbereiter für die zwei EM-Teilnahmen

1996 und 2000, den dritten Platz bei der WM 2002 und den ersten UEFA-Cup-Sieg einer türkischen Vereinsmannschaft von Galatasaray Istanbul im Jahr 2000.

Er hatte vor allem das Gespür für die richtigen Personen, die helfen sollten, aus dem Prügelknaben des internationalen Fußballs einen gleichberechtigten Wettbewerber zu formen. Dabei musste der neue Verbandspräsident erst einmal eine Niederlage hinnehmen: Jupp Derwall sagte für das Amt des Nationaltrainers ab. Von 1984 bis 1988 trainierte Derwall Galatasaray Istanbul und feierte mit den »Löwen« nicht nur Meisterschaften und Pokalsiege. Derwall, nach dem Vorrunden-Aus mit der deutschen Nationalmannschaft bei der EM 1984 in der Heimat ein viel geschmähter Mann, polierte in der Türkei nicht nur seinen sportlichen Ruf wieder auf. Der Rheinländer reformierte den türkischen Fußball radikal und prägte auch die beiden Trainer Fatih Terim und Mustafa Denizli, die unter ihm spielten. Denizli wurde sogar sein Co-Trainer. Als Derwall in der Türkei anfing, trainierte Galatasaray auf einem Bolzplatz. »Derwall veränderte radikal die Mannschaft, warf nach seinem ersten Jahr 14 Spieler aus dem Kader und legte ungeheuren Wert auf Disziplin«, erinnert sich Ahmet Akcan, Derwalls damaliger Co-Trainer und Übersetzer. Akcan studierte Sport an der Universität Saarbrücken und assistierte und dolmetschte später auch für Karl-Heinz Feldkamp, Reiner Hollmann und Hans-Peter Briegel bei deren Engagements in der Türkei. »War der Trainingsplatz im Winter mit Schnee belegt, wollten die türkischen Spieler nicht trainieren«, erzählt Akcan. Derwall aber drückte den verdutzten türkischen Fußballern Schneeschaufeln in die Hand und ließ sie den Platz vom Schnee räumen und anschließend trotz Kälte trainieren. Doch nicht nur das machte Eindruck. Derwall setzte sich für die deutsch-türkische Verständigung ein. Seine aufgeschlossene Art machte ihn zu einem großen Sympathieträger in der Türkei, 1989 verlieh ihm die Universität Ankara die Ehrendoktorwürde. Als Derwall im Juni 2007 im Alter von 80 Jahren starb, erwies ihm die gesamte Prominenz des türkischen Fußballs bei seiner Beerdingung im saarländischen St. Ingbert die letzte Ehre. Karl-Heinz Feldkamp, 73, gerade zum zweiten Mal Trainer von Galatasaray geworden, sagte: »Ohne ihn könnte ich heute nicht hier sein.« Die Mannschaft von Galatasaray ließ sich auf dem Trainingsgelände in Florya hinter einem großen, gerahmten Portrait Derwalls fotografieren. Das Bild war am nächsten Tag in fast allen deutschen Zeitungen abgebildet. Den Rahmen hielt Ahmet Akcan, sein damaliger Assistent und Übersetzer.

Derwall war also prädestiniert für das Amt des türkischen Nationaltrainers, »aber aus irgendeinem Grund wollte er es nicht machen«, erinnert sich Josef Piontek, den alle nur Sepp nennen. Derwall schlug Verbandspräsident Erzik dafür Piontek vor, der nach elf Jahren als Nationaltrainer in Dänemark eine neue Herausforderung suchte. »Als Derwall mich anrief, war meine Entscheidung schnell gefallen«, erinnert sich Piontek, der heute im dänischen Odense lebt. Erzik, Derwall und Piontek sind die drei Schlüsselfiguren, will man dem Geheimnis des Aufstiegs des türkischen Fußballs auf die Spur kommen. Erzik schaffte die Rahmenbedingungen, Derwall gab als Berater die Stichworte und Piontek, der 1940 in Breslau geborene, langjährige Bundesligaspieler von Werder Bremen und Nationalspieler, agierte als der unnachgiebige Umsetzer in der täglichen Arbeit. »Die Türken spielten damals nicht schlecht, aber es fehlten die Resultate. Lagen sie einmal hinten, gaben sie auf«, erinnert sich Piontek an seine Anfangszeit, als Torjäger Tanju Colak von Galatasaray der starke Mann im Team war und die »Presse im

Sack hatte«, wie Piontek sagt. Das notorische Vernachlässigen der Defensivarbeit und Spieler, die sich über das Team stellten, prägten damals das Bild der türkischen Nationalmannschaft. »Wir brauchten eine neue Generation, die disziplinierter spielen wollte als die alten Akteure. Und wir brauchten ein neues System, das der Defensive Vorrang geben musste«, sagt Piontek. Doch dazu brauchte er einen Assistenten, der die türkische Mentalität kannte und im Zweifelsfall die Spieler richtig einschätzen konnte. Es musste einer sein, der schon ein gewisses Standing im türkischen Fußball besaß. Erzik und Derwall legten Piontek einen jungen Zweitligatrainer ans Herz, der bereits erste Erfahrungen als Trainer bei Ankaragücü und Göztepe gesammelt hatte: Fatih Terim.

37 Jahre alt war der damals schon sehr selbstbewusste Terim, als Piontek ihn zu seinem Co-Trainer und dem Verantwortlichen für die U-21-Auswahl des Landes ernannte. Lange Jahre war der dynamische Libero Kapitän von Galatasaray sowie der Nationalmannschaft und dort Rekordnationalspieler mit 51 Länderspielen. Dass Terim nun eine Generation ausbilden würde, die Spieler hervorbringen sollte, die seinen Länderspielrekord verdoppeln würden, ahnte das vor Ehrgeiz strotzende Kraftpaket 1990 noch nicht.

Fatih Terim hatte früh gelernt, Verantwortung für sich und andere zu übernehmen. Als Sohn eines Moschee-Angestellten und Pistazienverkäufers wurde er 1953 in Adana geboren. Terims Vater war wegen einer Krankheit gehbehindert, schon als Kind musste der kleine Fatih mit dem Handwagen los und Pistazien verkaufen. Der Ehrgeiz, es einmal besser zu haben, trieb den talentierten Fußballer an, der jede freie Minute auf den Straßen Adanas kickte. Mit 16 schaffte es Terim bereits in die erste Mannschaft von Adanademirspor und mit 19 Jahren war der durchsetzungsstarke Bursche, der mit allen Wassern der Straße gewaschen war, bereits Kapitän. Mit 21 wechselte er schließlich zu Galatasaray in die Metropole Istanbul. Dort lernte er seine spätere Frau Fulya kennen, die aus einer reichen Istanbuler Industriellenfamilie stammte und fließend Englisch sprach. Sie lehrte Fatih, wie man eine Krawatte bindet, und führte den Fußball-Star in die besseren Kreise Istanbuls ein. Sein Jähzorn und sein Drang, um jeden Preis zu den Gewinnern gehören zu wollen, blieben ihm aber erhalten. Nur die Einberufung zum Militär rettete Terim in seiner Anfangszeit bei Galatasaray vor einer Gefängnisstrafe. Er hatte den Polizeipräsidenten Istanbuls nach einem Streit in einer Kneipe verprügelt. Die Aktion sorgte ebenso für Schlagzeilen wie eine Kopfnuss, die er vor laufenden Fernsehkameras einem Spieler von Adanaspor gab. Für Galatasaray ging es um die Meisterschaft, für Adana um nichts mehr. Doch der Gegner wehrte sich mit allem, was er auf den Platz zu bringen vermochte. Terim ärgerte das, er rastete aus und sah die rote Karte. In seiner Zeit als Spieler bei Galatasaray von 1974–1985 blieb Terim der Gewinn einer Meisterschaft verwehrt.

Der junge Trainer Terim war wissbegierig und lernwillig. »Ich habe ihm Englisch beigebracht und er mir Türkisch«, erzählt Sepp Piontek. Als eine seiner ersten Amtshandlungen veranstaltete Piontek im ganzen Land zwei- bis dreitägige Camps für talentierte Jugendspieler. Über 500 Spieler sichteten Piontek, Terim und die anderen Assistenten, 30 Namen bis dahin namenloser Talente blieben auf den Notizzetteln stehen. Darunter waren spätere Nationalspieler wie Arif, Tugay, Rüstü, Alpay, Ertrugul Saglam, Okan, Bülent oder der spätere Weltklassestürmer Hakan Sükür. »Wir wollten Spieler, die auf Konter zu spielen verstehen, die die notwendige Disziplin im Abwehrverhalten besitzen und bei Ballbesitz schnell umschalten konnten«, erklärt Piontek. Bei diesem Auswahlverfahren wurde dem erfahrenen Coach schnell klar, welch riesiges Potenzial an Talenten im Land schlummerte.

Zur gleichen Zeit wurde das Fernsehen privatisiert und durch die politische Öffnung unter der Regierung Özal kam mehr Geld ins Land. Davon profitierten auch Piontek und der türkische Fußballverband. In Absprache mit Verbandspräsident Senes Erzik ließ Piontek in fast jeder Provinz ein Trainingszentrum bauen, wo die Talente ausgebildet werden sollten. Gleichzeitig forcierte er zusammen mit Jupp Derwall die Trainerausbildung. Nach deutschem Vorbild führte Piontek in seinen drei Jahren rund 80 Fußballlehrer und 300 A-Lizenzinhaber zur gültigen Lizenz. Auch Fatih Terim musste auf die Schulbank und wurde in Taktik, Regelkunde, Konditionstraining, Physiotherapie und anderen Fächern ausgebildet. Ersun Yanal, der 2003 zum türkischen Nationaltrainer berufen wurde, saß ebenfalls bei Piontek auf der Schulbank. In Istanbul entstanden die großen Trainingszentren in Riva und Belerbey. Dort legte auf Vermittlung von Derwall eine deutsche Firma einen Kunstrasen. »Das sicherte, dass wir auch im Winter unter Flutlicht direkt unter der Bosporusbrücke trainieren konnten«, sagt Piontek.

Diese Aktivitäten und der Ausbau der Infrastruktur mündeten aber nicht sofort in Siege der von Piontek betreuten Milli Takim. Die Resultate fielen zwar nicht mehr so demütigend aus wie früher, aber verloren wurde immer noch – immerhin aber nur noch 0:1 gegen England. Der hitzigen Presse waren Fortschritte, in Sachen Disziplin und Abwehrverhalten, nicht genug. Zumal Piontek seinen eigenen Weg ging, gestützt von Präsident Senes Erzik. »Nach dem ersten Jahr mit weiteren Niederlagen hatte sich die Presse auf mich eingeschossen«, erinnert sich Piontek. Aber Erzik stand vor ihm wie ein Fels. »Wir arbeiteten in die Zukunft, da kann man nicht kurzfristig denken«, erklärt Erzik, eine Entlassung Pionteks kam für ihn nie in Frage. Doch der Druck der Presse nahm weiter zu, denn Piontek räumte mit alten Privilegien auf. Kein Journalist wurde mehr ins Mannschaftshotel gelassen, wo die Reporter mit ihren Lieblingen früher sogar aufs Zimmer gegangen waren. Auch den Einfluss der drei großen Istanbuler Vereine bekam Piontek zu spüren. Entweder direkt oder über die Presse wurde ihm angetragen, doch nach folgendem Schlüssel aufzustellen: drei Spieler von Besiktas und je vier von Galatasaray und Fenerbahce. »Mich kümmerte das alles aber nicht. Als Ausländer war ich in einer privilegierten Ausgangslage, da ich in diese Dinge nicht so verwickelt war wie ein Türke. Wenn mir ein Spieler aus Bursa gefiel, spielte er.«

1992, als Hakan Sükür in der Milli Takim debütierte, brach ein neues Zeitalter heran. Ridvan Dilmen, der Stürmer von Fenerbahce, beendete verletzt seine Karriere und auch Platzhirsch Tanju Colak wurde nicht mehr nominiert. »Wir hatten dann eine gute Mischung mit ein paar älteren Spielern wie Ünal und der nachrückenden Generation, die bei Fatih Terim in der U-21 Erfahrung gesammelt hatte. Doch es fehlte insgesamt an internationaler Erfahrung, um gestandenen Mannschaften wie Holland oder England in der Qualifikation für die WM 1994 in den USA Paroli zu bieten«, meint Piontek.

Nach dem dritten Militärcoup von 1980 hatte die Türkei ein ziemlich abgeschottetes Dasein geführt. Die Fußballer hatten entweder nicht die Klasse, um im Ausland zu spielen oder wagten wie Tanju Colak nicht den Sprung nach Europa. Als Sepp Piontek in die Türkei kam, stand kein einziger türkischer Nationalspieler bei einem ausländischen Klub unter Vertrag. »Den Spielern fehlte das Selbstvertrauen, sie konnten keine Fremdsprachen und wie man später an vielen Beispielen gesehen hat, brauchen Türken einfach ihr bekanntes Umfeld, ihre Familie und ihre Freunde, um erfolgreich zu sein«, analysiert Piontek. Auch bei den türkischen Vereinsmannschaften waren große Unterschiede in der Leistung bei Heim- und Auswärtsspielen zu beobachten. Nicht nur in der Liga spielten die Mannschaften mit der Unterstützung des heimischen Publikums und auf vertrautem Terrain stärker als auswärts. Immer wieder mal gelangen türkischen Mannschaften wie Trabzonspor, Fenerbahce oder Galatasaray Siege gegen europäische Spitzenmannschaften, auswärts wurde dann aber meist kläglich verloren. »Das war ein weiterer Punkt, warum ich Terim brauchte. Er wusste, welcher Spieler psychisch in der Lage war, auch auswärts zu bestehen. Hätte Rudi Assauer mich damals angerufen, hätte ich ihm von einer Verpflichtung von Hami Mandarali abgeraten«, meint Piontek.

Hami Mandarali wechselte 1998 von Trabzonspor nach Schalke. Er gehörte zu jenen, die Piontek und Terim 1990 bei ihrer Entdeckungsreise durch das Land gesichtet hatten. Hami war ein schneller, trickreicher Spieler, der den Schalker Verantwortlichen bei einem UEFA-Cup-Aufeinandertreffen aufgefallen war. Hami hatte die besten Absichten, als er das Abenteuer wagte. Bei seiner Vorstellung in Schalke sagte er: »Ich möchte der erste Türke sein, der sich im Ausland durchsetzt.« Sprachbarriere und fehlender sportlicher Erfolg sorgten jedoch für großes Heimweh. Auch die geforderte Defensivarbeit von Trainer Huub Stevens schmeckte Mandarali nicht. »Hier kann ich nicht der Hami sein, der ich in der Türkei bin«, sagte er. Auf die Frage im Schalker Jahrbuch, wo er gerne leben möchte, antwortete er: »In Trabzon – dort bin ich geboren, dort ist meine Heimat, dort habe ich all meinen Besitz. Ohne Trabzon und Trabzonspor würde es Hami nicht geben.« Nach einem Jahr ging er wieder zurück ans Schwarze Meer. Dort ist er Rekordspieler und eine Legende.

Spielern Selbstvertrauen beizubringen, geht nur über Erfolge. »Täglich predigten wir ihnen, an sich zu glauben, und versuchten den Weg der kleinen Schritte zu gehen«, sagt Piontek. Bei der Entwicklung hin zu einer eigenständigen Spielerpersönlichkeit stand und steht vielen Talenten in der Türkei noch immer im Weg, dass dem Fußball in der Öffentlichkeit eine so große Bedeutung zugemessen wird, vermutet Piontek. »Fußballspiele, vor allem im internationalen Rahmen, bekommen dort oft Stellvertreterfunktion für die empfundenen Niederlagen nach dem Ersten Weltkrieg zum Beispiel.«

Schwierig für Pionteks Entwicklungshilfe machte die Situation auch, dass die Liga schwach war und keine internationalen Stars ins Land gelockt werden konnten. Außerdem spielten die Kinder der Gastarbeiter aus Europa noch keine Rolle, die ihre oft sensiblen in der Türkei sozialisierten Kollegen hätten beeinflussen können, wie das später der Fall war. Schon unter Erzik und Piontek gab es Pläne für ein Sichtungssystem in Europa, das Ende der 1990er Jahre von Erziks Nachfolger Haluk Ulusoy umgesetzt wurde. »Die Türken haben damals wirklich in ihrem eigenen Saft geschmort«, sagt Piontek. Der Engländer Gordon Milne, erfolgreicher Trainer bei Besiktas, und Jupp Derwall bei Galatasaray hatten die Veränderungen auf den Weg gebracht.

Erste Früchte waren bereits 1989 zu genießen, als Galatasaray unter Derwalls Nachfolger Mustafa Denizli erstmals das Halbfinale im Europacup der Meister erreichte. Dieser Erfolg war ein erstes großes Ausrufezeichen und für Senez Erzik der endgültige Beweis, dass auch die Türkei zu großen Erfolgen in der Lage sein kann. Als Sepp Piontek 1993 das Amt des türkischen Nationaltrainers niederlegte, waren die Weichen für die kommenden Erfolge gestellt: ein Sichtungssystem für den Nachwuchs, eine professionelle Trainerausbildung und eine Entwicklung, die bewies, dass bei harter Arbeit weitere Verbesserungen möglich sind. Piontek wollte seinen Vertrag nicht verlängern, weil die Freistellung seiner Frau, einer Lehrerin, beim dänischen Staat auslief. »Ich wollte nicht von ihr getrennt leben«, erzählt Piontek, der später aber noch ein unglückliches Gastspiel als Trainer von Bursaspor in der Türkei anhängte.

Doch das konnte seinem Ruf nichts mehr anhaben. Noch heute wird Piontek als »Vater des Erfolges« in der Türkei verehrt. Er wird zu Preisverleihungen oder zu Abschiedsspielen seiner mittlerweile in die Jahre gekommenen Schützlinge eingeladen »Meine wichtigste Entscheidung aber war, dass ich mich dafür einsetzte, dass Fatih Terim Trainer blieb. Damit war gewährleistet, dass der eingeschlagene Weg fortgesetzt werden konnte.«

Im August 1993 übernahm Fatih Terim, noch nicht ganz 40 Jahre alt, zum ersten Mal die Milli Takim. Sein Ehrgeiz kannte kein anderes Ziel als die erstmalige Qualifikation der türkischen Mannschaft für eine EM-Endrunde. Die Auslosung der Qualifikationsgruppen nährte die Hoffnung, dass der Traum wahr werden könnte. Die Türken trafen auf die Schweiz, Schweden, Ungarn und Island, wahrlich nicht die ganz großen Namen des europäischen Fußballs. Als U-21-Trainer unter Piontek zog sich Terim den Stamm seiner Elf selbst heran, die die Qualifikation schließlich schaffte und das Turnier in England bestritt. Schon 1991 berief er Rüstü, Bülent, Ogün, Alpay, Sergen, Tugay, Abdullah, Arif und Hakan Sükür, ein Jahr später Okan, Oktay und Emre Asik in die Junioren-Auswahl. Vor allem Hakan Sükür, ein schlaksiger, groß gewachsener Mittelstürmer, schaffte schnell den Durchbruch in der A-Elf. Schon 1992 debütierte der Junge aus Sakaryer, der Stadt an der Mündung des Bosporus ins Schwarze Meer, noch unter Sepp Piontek. Über Bursaspor wechselte Hakan im gleichen Jahr zu Galatasaray, wo er von 1992 bis 1995 in 90 Ligaspielen 65 Tore erzielte. Hakan stieg schnell zum Superstar auf, seine Kopfballstärke machte ihn in ganz Europa zu einem der begehrtesten Stürmer. 1995 wagte er als 23-Jähriger erstmals den Sprung ins Ausland zum AC Turin. Doch das Jahr in Turin war von Verletzungen und Heimweh geprägt. Sprachbarriere und westliches Leben waren für den gläubigen Muslim eine zu hohe Hürde. Schon vor der EM stand seine Rückkehr zu Galatasaray fest, nach nur fünf Spielen und drei Toren für die Norditaliener.

In der Qualifikation hingegen schoss Hakan Sükür für die Türken wichtige Tore. Insgesamt souverän und mit nur einer Niederlage zu Hause gegen die Schweiz wurde die erstmalige Teilnahme am Kontinentalturnier geschafft. Als drittbester Gruppenzweiter mit vier Siegen und drei Remis musste die Türkei nicht in die Entscheidungsspiele. »Terim war sehr von der autoritären Art geprägt, die Piontek verkörperte«, beschreibt der Journalist Deniz Gökce den Führungsstil Terims. Gökce reiste damals mit der Mannschaft nach England. Terim setzte weiter auf Disziplin und starke Abwehrarbeit, das Offensivspiel wurde auf den in der Luft schier unbezwingbar wirkenden Hakan Sükür zugeschnitten. Doch die fehlende internationale Erfahrung und die augenscheinliche Nervosität auf der großen Bühne des Weltfußballs waren den Spielern bei ihren Auftritten in Nottingham gegen Kroatien und Portugal (jeweils 0:1) sowie in Sheffield gegen Dänemark (0:3) anzumerken. Ohne ein Tor erzielt zu haben, traten die Türken nach der Vorrunde die Heimreise an.

Aus zwei Gründen war aber diese EM dennoch bemerkenswert. Zum einen war sie Anlass für Investitionen auch ausländischer Sponsoren im türkischen Fußball. So fuhr die Mannschaft in England erstmals mit einem von Mercedes-Benz zur Verfügung gestellten Bus zu den Spielen. Die Partnerschaft zwischen dem Weltkonzern aus Stuttgart und dem türkischen Verband wurde in den folgenden Jahren ausgebaut und hält bis heute an. Zum anderen sorgte ein Vorfall im Spiel gegen Kroatien für Aufsehen. Abwehrspieler Özalan Alpay, damals 23 Jahre alt, verzichtete auf einen Notbremse und ließ den kroatischen Stürmer Vlaovic gewähren, der zum Siegtreffer für die Kroaten einschoss. Von der UEFA für dieses Vorgehen mit dem Fairplay-Preis ausgezeichnet, bezichtigte ihn die nationalistische Presse daheim als »Vaterlandsverräter«. Alpay sah sich einer regelrechten Ächtung ausgesetzt. Hätte er gefoult, hätte die Türkei nicht verloren und vielleicht noch die nächste Runde erreichen können, so der Tenor in der Presse. Der aus Izmir stammende Alpay erholte sich nie von diesem Erlebnis. Später gestand er in einem Interview: »Ich habe mich nie über diesen Fair-Play-Preis freuen können.« Der junge Fußballer erlebte am eigenen Leib, dass das Vaterland in der Türkei einen höheren Stellenwert besitzt als der Einzelne. Alpay, der insgesamt 90 Länderspiele für die Türkei bestritt und 2002 ins All-Star-Team der Weltmeisterschaft gewählt wurde, baute nach dieser Erfahrung eine Aura des bewusst Aggressiven auf, um nicht wieder als Vaterlandsverräter bezichtigt zu werden. Immer wieder rastete er aus. Während der Halbzeitpause in einem Länderspiel in England provozierte er ein Handgemenge mit David Beckham. Nach dem Skandalspiel gegen die Schweiz, das das Scheitern bei der Qualifikation zur WM 2006 perfekt gemacht hatte, trat Alpay dem Schweizer Huggel beim Verlassen des Platzes in den Hintern. Das kostete den in die Jahre gekommenen Verteidiger schließlich seine Nationalmannschaftskarriere, er wurde von der FIFA für sechs Spiele gesperrt. Auch in seiner Zeit beim 1. FC Köln geriet der zweifache Familienvater während des Trainings tätlich mit Mitspielern aneinander und rammte während eines Bundesligaspiels dem Hamburger Spieler Demel einen Ellenbogen ins Gesicht. Ab dem 1. 1. 2008 wurde der 34 Jahre alte Profi zum Wehrdienst einberufen, nachdem er beim 1. FC Köln suspendiert worden war, weil er Trainer Christoph Daum in einem Interview mit einem türkischen Fernsehsender Schwäche attestiert hatte. Daum hatte Alpay, der nach seiner Suspendierung bei Aston Villa nach dem Beckham-Zwischenfall in Südkorea und Japan ins Exil gegangen war, schon bei Besiktas Istanbul trainiert.

Bis auf die martialischen Reaktionen auf die eigentlich vorbildliche Aktion Alpays gegen Vlaovic bewerteten die türkischen Medien den tor- und punktlosen ersten Auftritt der Milli Takim beim europäischen Kontinentalturnier durchweg positiv. Die Zuversicht wuchs, in Zukunft mit noch mehr Routine im Konzert der Großen eine gewichtige Rolle spielen zu können.

Schon vor dem Turnier stand fest, dass Fatih Terim Galatasaray übernehmen würde und Mustafa Denizli die Nationalmannschaft. Man kann nicht sagen, dass die beiden Schwergewichte in der Riege türkischer Fußballtrainer Freunde sind, auch wenn sie zusammen bei Galatasaray spielten. Es ist eher eine starke Rivalität, die das Verhältnis der beiden Männer kennzeichnet. Als Terim nach der Europameisterschaft 1996 Cimbom, wie Galatasaray aus unerfindlichen Gründen im Volksmund genannt wird, übernahm, hatte es bereits die Erfolge Denizlis gegeben, der Meister mit dem Verein geworden war und ihn mit türkischen Spielern und zwei durchschnittlichen Ausländern aus Jugoslawien epochal ins Halbfinale des Europacups der Meister coachte. Denizli hingegen musste mit Terims

Erfolg leben, der als erster Trainer die Türkei zu einer EM geführt hatte. Was sie sich bei ihrem Amtsantritt im Sommer 1996 erträumt hatten, gelang den beiden Trainern in den nächsten vier Jahren: Sie übertrafen die Erfolge ihres jeweiligen Vorgängers.

Terims ohnehin großes Selbstvertrauen war noch gewachsen. Die Meisterschaften, die ihm als Spieler verwehrt blieben, wollte er nun als Trainer mit Galatasaray gewinnen. Dabei zu Hilfe kam ihm, dass ein Großteil der von ihm und Piontek entdeckten Spieler bei Galatasaray unter Vertrag stand. Hakan Sükür, Arif, Bülent, Ergün oder Tugay hatten Terim alles zu verdanken und vertrauten ihrem Förderer blind. Als ehemaliger Kapitän besaß er eine große Hausmacht im Verein und sein Gespür für die richtige Kaderzusammenstellung ließ ihn nicht im Stich. Ein Quantensprung bedeutete zudem die Verpflichtung des rumänischen Spielmachers Gheorghe Hagi, der 1996 zusammen mit Terim nach gescheiterten Versuchen bei den Weltklubs FC Barcelona und Real Madrid an den Bosporus kam. Hagi war der erste Weltstar in der Süperlig und begeisterte sofort die Massen im ganzen Land mit seiner genialen Technik. Ein Jahr später holte Terim in Gheorghe Popescu einen Landsmann des Exzentrikers Hagi, der in den kommenden Jahren zusammen mit Bülent eine der besten Innenverteidigerpaare Europas bildete. 1998 verpflichtete er den frischgebackenen brasilianischen Vize-Weltmeister Claudio Taffarel für die Torhüterposition sowie dessen Landsmann Capone. An der Seite der drei Ausnahmespieler Taffarel, Popescu und Hagi aus dem Ausland reiften auch die türkischen Spieler. Zudem bewies Terim, dass ihm der Blick für Talente nicht abhanden gekommen war, denn 1996 lotste er Ümit Davala von Diyarbakirspor an den Bosporus.

Davala, Jahrgang 1973, legte in der Folge wohl eine der

erstaunlichsten Karrieren im Weltfußball hin. In Mannheim aufgewachsen, kam er in Deutschland bei Türkspor nicht über die Bezirksliga hinaus und versuchte dann mit 21 Jahren in der zweiten türkischen Liga bei Afyonspor seinen Traum vom Profifußball zu verwirklichen. Bald wechselte der Stürmer zu Istanbulspor und dann nach Diyarbakir in die erste Liga, bevor ihn Terim zu Galatasaray lockte und den dynamischen Sprinter zum rechten Verteidiger umformte. »Es war einfach nur ein Traum, in dieser Mannschaft zu spielen«, sagt Davala heute rückblickend. Eingespielt und von echtem Teamspirit getrieben, spielte Galatasaray in den folgenden Jahren die nationale Konkurrenz an die Wand und gewann vier Meisterschaften in Folge. »Terim trieb uns immer weiter an. Er war schon knochenhart, aber die meisten empfanden ihn trotzdem eher wie einen großen Bruder oder einen Vater«, erinnert sich Davala. Wegen seiner harten, auf Disziplin aufbauenden Art und seiner großen Erfolge nannten die Medien den Coach bald »Imparator«. Deutschsprachige Zeitungen denken bis heute, dass diese Schreibweise einen Rechtschreibfehler beinhaltet, aber »Imparator« mit zwei a ist tatsächlich das türkische Wort für Kaiser. Hagi wurde Sultan genannt, Hakan Sükür, der in den vier Jahren von 1996 bis 2000 140 Tore in 156 Pflichtspielen erzielte, abwechselnd »Kral« (König) oder »Bulle vom Bosporus«. »Der ganze Verein war in dieser Zeit eine verschworene Gemeinschaft, die Spielerfrauen trafen sich, man unternahm auch privat einiges zusammen«, erzählt Davala über diese große Zeit. Terim ahnte, dass mit dieser Mannschaft möglich war, wovon die ganze Türkei träumte.

Als 1999 im Luschniki-Stadion von Moskau die Spieler des AC Parma mit dem Triumph im Endspiel gegen Olympique Marseille den UEFA-Pokal gewannen, meldete sich Fatih Terim am fernen Bosporus zu Wort: »Ich glaube, dass wir bald diesen Pokal in den Händen halten können.« Was als Prahlerei abgetan wurde, wurde ein Jahr später in Kopenhagen Wirklichkeit. Nach dem verwandelten letzten Elfmeter im Penalty-Schießen gegen Arsenal aus London streckte Fatih Terim eben jenen Pokal in den Himmel. Die Türkei stand still, und Terim war auf dem Thron des Trainerdaseins angelangt. Der Ehrgeiz des Sohnes eines Moschee-Dieners und Pistazienverkäufers aus Adana hatte auch seine Spieler zu diesem Erfolg getrieben. Der Triumph Galatasarays wurde in der Türkei und von den türkischen Auswanderern in ganz Europa enthusiastisch gefeiert.

Doch der Triumph war auch Beginn des Ausverkaufs bei Galatasaray. Zur neuen Saison wechselten Hakan Sükür und Okan zu Inter Mailand. Hagi, Popescu und Taffarel blieben noch eine Saison und gewannen in Monaco unter dem neuen Trainer Lucescu gegen Real Madrid den europäischen Supercup. Terim trainierte da bereits den AC Florenz in Italien. Obwohl selbst das türkische Parlament den Imparator anflehte, zu bleiben, wollte Terim beweisen, dass er auch in Europa ein großer Trainer sein kann. »Dass Fatih einmal im Ausland trainieren würde, habe ich mir ehrlich gesagt, nicht vorstellen können«, gibt sein Mentor Sepp Piontek zu. »Er war manchmal schon aufbrausend und haute den ein oder anderen Spruch raus.« Doch das Jahr in Florenz lief prächtig. Die Mannschaft lag nach der Ära Trapattoni am Boden, doch Terim führte die Fiorentina nach der Vorrunde auf Rang fünf. Die Mannschaft des neuen Stars am internationalen Trainerhimmel spielte attraktiven Fußball und machte von sich reden, als sie den AC Mailand mit 4:0 schlug. Trotz beständigen Erfolges überwarf sich Terim aber wegen Transferfragen mit dem berüchtigten Florenz-Präsidenten Gori und trat nach 20 Spieltagen zurück.

Silvio Berlusconi lockte anschließend den Mann aus

Adana, zum Weltklub AC Milan. Doch die harten Methoden des selbstherrlichen Türken kamen bei den Milan-Profis nicht an. Schnell zerstritt sich Terim mit dem portugiesischen Mittelfeldstar Rui Costa und »er hatte auch sonst nicht viel Rückhalt in der Mannschaft«, wie sich Ümit Davala erinnert, den Terim im September 2001 aus Istanbul in die Lombardei holte. Nach neun Spieltagen war Schluss für Terim, von seiner Kündigung erfuhr er am Telefon, als er in Istanbul ein Seminar über Führungsqualitäten hielt. Die erste Entlassung seiner Karriere empfand Terim als schwere Demütigung und bis heute, sagen Vertraute, habe er sie nicht wirklich überwunden.

Auch Mustafa Denizli war bei seinem Auslandsabenteuer 1989/90 nicht zurechtgekommen, nach einer Saison war Schluss bei Alemannia Aachen. Doch als türkischer Nationaltrainer in der Nachfolge von Fatih Terim und im Geiste Jupp Derwalls machte er vieles richtig. Zwar misslang die Qualifikation zur Weltmeisterschaft 1998, aber die Türken scheiterten nur knapp an den starken Holländern und Belgiern. Nur einmal wurde verloren und Holland in Istanbul besiegt. Denizli durfte auch unter dem neuen Verbandspräsidenten Haluk Ulusoy weitermachen, der Senes Erzik 1997 folgte. Ulusoy stammt aus einer der reichsten Familien der Türkei. Er selbst betreibt die Generalvertretung von Mercedes in der Türkei und einen Mischkonzern, dem mehrere Luxushotels angehören. Der aus Trabzon stammende Ulusoy, der keinen akademischen Abschluss besitzt, setzte 1998 die Idee Erziks und Pionteks um, ein Europabüro zur Sichtung türkischstämmiger Talente in Europa zu errichten, das der ehemalige Bundesligafußballer Erdal Keser übernahm. Doch die Früchte dieser Arbeit sollten sich erst 2002 auszahlen.

An Selbstvertrauen mangelte es den türkischen Fußballern zu Beginn der Qualifikation für die Europameisterschaft 2000 in Holland und Belgien nicht mehr. Sie selbst nahmen sich als eine neue Generation wahr, vor allem der große Block der Galatasaray-Spieler um Hakan Sükür war sich seiner Stärken bewusst. Die Auslosung brachte die Türken mit Finnland, Nordirland, Moldawien und Deutschland zusammen. Nur die Gruppenersten und der beste Gruppenzweite würden sich direkt für das finale Turnier qualifizieren. Am 10. Oktober 1998 kam es in Bursa zum Aufeinandertreffen mit den Deutschen, das die türkischen Medien in Anspielung auf Derwall und Piontek zum Spiel der Lehrlinge gegen die Lehrmeister ausriefen. Denizli verlegte das Spiel weg aus Istanbul, um deutsche Fans von der Reise abzuhalten. »Bursa ist für die deutschen Fans schwerer zu erreichen, wir müssen alles, auch die anatolische Atmosphäre, ausnützen«, sagte Denizli. Im Hexenkessel von Bursa verloren die Deutschen 0:1 und die euphorisierten türkischen Medien feierten den Sieg als historische Tat. Am Ende aber hatte der »Lehrmeister« trotzdem zwei Punkte mehr und qualifizierte sich direkt. Die einzige Niederlage, ein 1:2 gegen Finnland, und ein bitteres Remis in Moldawien kosteten den Gruppensieg. Aufgrund des schlechteren Torverhältnisses belegten die Türken Rang zwei unter allen Gruppenzweiten und mussten in die Barrage gegen Irland. Doch die Nerven hielten stand, nach einem 1:1 in Dublin genügte aufgrund des auswärts geschossenen Tores ein 0:0 im Rückspiel. Die Türken hatten gelernt, diszipliniert auf Ergebnis zu spielen. Allein das war Ausdruck des großen Lernprozesses, den sie in den letzten Jahren durchgemacht hatten. Zum zweiten Mal schafften sie den Sprung auf die große Bühne. Mustafa Denizli kündigte schon einmal an: »Dieses Mal wird Europa eine andere türkische Mannschaft erleben.«

Die Erwartungen waren überbordend, der türkische Fußball wähnte sich nach dem UEFA-Cup-Sieg von Galatasaray nur wenige Wochen vor Turnierbeginn im siebenten Himmel, die Spieler strotzten vor Selbstvertrauen. Gleich neun Spieler vom Vorzeigeklub nominierte Denizli, doch beim ersten Spiel gegen Italien stellte er nur vier von ihnen auf, aber fünf von Fenerbahce, dem Arbeitgeber Denizlis nach der EM. Der Aufschrei nach der 1:2-Niederlage war groß. »Denizli, was hast du gemacht?«, fragte die Zeitung *Sabah*. Nach dem 0:0 gegen Schweden verspottete die Presse ihn wegen angeblich falscher Aufstellung und malte das Aus bereits an die Wand. Das letzte Spiel gegen Gastgeber Belgien musste unbedingt gewonnen werden. Die Untergangsstimmung und die Schmähungen gegen Denizli schlugen in pure Euphorie um, als die Belgier 2:0 geschlagen waren und erstmals der Einzug einer türkischen Mannschaft ins EM-Viertelfinale feststand. »An die Schwankungen in der Presse gewöhnt man sich nur schwer«, sagt Ümit Davala, der damals mit dabei war. »Aber bei der WM 2002 war das noch schlimmer. Die Türken kennen eben nur die Extreme.« *Sabah* zeigte auf der Titelseite nun ein riesiges Bild von Denizli und schrieb darüber: »Strecke deine Stirn, damit wir sie küssen können.« Die vielen Türken in Holland, Belgien und in Deutschland feierten mit Autokorsos in den Großstädten, die Erfolge der Fußballer stärkten auch ihr Selbstvertrauen. Auch für die Heimat waren die türkischen Fußballer in nationaler Mission unterwegs. Das große Erdbeben von 1999, bei dem 17000 Menschen ums Leben kamen, war noch nicht überwunden. Die erste Frau von Hakan Sükür, Esra, war damals ums Leben gekommen. Um die Liebe der beiden spielte sich eine Seifenoper ab, an der die ganze Nation teilnahm. Esra wollte Hakan nicht. Der aber wollte Esra unbedingt. Mehre Anträge Hakans lehnte Esra ab. Selbst die Ministerpräsidentin Tancu Ciller mischte sich ein und redete ihr gut zu, es doch mit Hakan zu versuchen. Esra willigte schließlich ein und eine große Hochzeit à la Turca fand statt. Doch nur wenige Wochen danach ließ Hakan Sükür sich wieder scheiden. Die Gründe wurden nie wirklich geklärt. Bei der EM in Belgien war er jedenfalls nicht besonders in Form und im Viertelfinale wartete Portugal, einer der Turnierfavoriten.

Was dann geschah, war eine Ironie der Geschichte und alle hatten Mitleid mit dem armen Alpay – abgesehen von der türkischen Presse. Schon nach 15 Minuten sah der Verteidiger, der seit dem Vorfall vier Jahre zuvor, als er den Kroaten Vlaovic ziehen ließ und nicht foulte, mit fatalen Folgen für seine Mannschaft und vor allem für sich selbst, die rote Karte. Diesmal gab es neben der Karte auch noch den Hohn der heimischen Presse. Dreiviertel des Spiels mussten die Türken zu zehnt agieren. Arif verschoss beim Stand von 1:0 für Portugal einen Foulelfmeter. Das hätten selbst stabilere Nerven als die der Türken nicht verkraftet. Nuno Gomes traf zweimal für Portugal und die Türkei war draußen. Das Massenblatt *Hürriyet* hatte die beiden Schuldigen ausgemacht und titelte: »Ah Alpay, ah Arif!«

Trotzdem bekamen die Türken für ihren Auftritt in Benelux viel Anerkennung. Für die Nationalmannschaft endete das Fußballjahr 2000 mit einem Eintrag in die Geschichtsbücher. Während Denizli bei Fenerbahce anheuerte, um die Vormachtstellung Galatasarays zu brechen und Terim in Italien seine und die Fahnen des Landes hochhalten wollte, musste Verbandpräsident Haluk Ulusoy einen neuen Trainer für die Nationalmannschaft suchen. Fündig wurde er in seiner Heimatstadt Trabzon. Senol Günes wurde dazu auserkoren, die Milli Takim zum ersten Mal nach 1954 wieder zu einer Weltmeisterschaft zu führen. Günes war Torwart und Kapitän von Trabzonspor gewesen, als der Klub aus der Provinz zwischen 1976 und 1984 sechs Meistertitel ans Schwarze Meer holte und die

Seriensieger aus Istanbul so richtig ärgerte. Der einfache, konservative Günes hatte von Anfang an einen schweren Stand bei der Istanbuler Presse, die ihm selbst seinen kleinen Sprachfehler, ein leichtes Lispeln, immer wieder vorwarf. Doch Ulusoy entschied sich gegen einen Ausländer als Nationaltrainer, als Spieler war Günes schließlich eine Legende gewesen. Als Trainer sammelte er vorher Erfahrung bei Trabzonspor und einigen anatolischen Teams. »Er strahlte eine natürliche Autorität aus und stand über den anderen, das merkte man«, erinnert sich der deutsche Trainer Jürgen Sundermann, der 1985/86 Trabzonspor und Günes trainierte.

Wieder mussten die Türken aber den Umweg der Entscheidungsspiele zur WM in Japan und Südkorea 2002 nehmen. In der Qualifikation setzte sich ihre Schwäche gegen vermeintlich kleine Mannschaften fort. So kamen sie gegen die Slowakei und Mazedonien zu Hause jeweils über ein Unentschieden nicht hinaus. Als gegen Schweden zu Hause verloren wurde, waren die Skandinavier endgültig direkt qualifiziert. Die Türken mussten in die K.-o.-Spiele gegen Österreich. Mittlerweile bereicherten auch die ersten vom Europabüro in Dortmund entdeckten Spieler die Nationalmannschaft. Yildiray Bastürk von Bayer Leverkusen, der in Herne geboren wurde, erspielte sich mit seiner Technik schnell einen Stammplatz im Mittelfeld. Ilhan Mansiz, in Kempten im Allgäu aufgewachsen und wie Ümit Davala in Deutschland nicht über die Amateurliga hinausgekommen, avancierte über den Umweg der zweiten türkischen Liga in der Saison 2001/2002 zum Torschützenkönig in der Süperlig bei Besiktas. Sie alle fuhren mit nach Asien, nachdem die Österreicher in der Barrage zuerst in Wien mit 1:0 besiegt und dann in Istanbul mit 5:0 deutlich geschlagen wurden.

Die Vorrundengruppe mit Topfavorit Brasilien, Costa

Rica und China schien lösbar. Beim Start ins Turnier gab es gegen die Brasilianer eine gute Leistung, die aber durch eine Fehlentscheidung des Schiedsrichters überschattet wurde, die Brasilien vier Minuten vor Schluss zum 2:1-Siegtreffer verhalf. Rivaldo schauspielerte, wieder einmal Alpay sah die rote Karte und Rivaldo verwandelte den Elfmeter zum Siegtreffer. Die Fehlentscheidung wurde international beklagt und die Leistung der Türken anerkannt, doch spätestens nach dem 1:1 gegen Costa Rica machte sich auf den türkischen Presseplätzen Unruhe breit. Senol Günes geriet in die Kritik, weil er am damals schon über seinem Zenit wirkenden Hakan Sükür festhielt und Ilhan Mansiz auf der Bank ließ. Sükür war mittlerweile 30 Jahre alt und wirkte ausgebrannt. Im abschließenden Vorrundenspiel mussten die Türken gegen China gewinnen und waren zudem auf die Schützenhilfe Brasiliens angewiesen, das Costa Rica bezwingen musste, damit die Milli Takim eine Runde weiterkam. Die Türken gewannen nach guter Leistung gegen China 3:0 und da die Brasilianer Costa Rica 5:2 abfertigten, zogen die Türken ins Achtelfinale ein. Doch die Kritik an Günes und Hakan Sükür nahm weiter zu. Das für investigative Recherchen bekannte Blatt *Milliyet* vermeldete sogar einen Riss im Team: auf der einen Seite die in der Türkei aufgewachsenen Spieler mit Hakan Sükür, dem Anhänger des in der Türkei umstrittenen Predigers Fetullah Gülen, an der Spitze. Und auf der anderen Seite die in Europa aufgewachsenen Akteure wie Mansiz und Bastürk mit dem westlichen Lebensstil. Auch nach dem 1:0 gegen Japan und dem Einzug ins Viertelfinale ging die Kritik weiter. Einzelne Stimmen vermuteten sogar, dass der wie ein Fremdkörper wirkende Hakan Sükür die Mannschaft aufstelle und nicht Trainer Günes. Im Viertelfinale gegen Senegal holte Günes Hakan Sükür nach 70 Minuten vom Platz und brachte endlich den Hoffnungsträger Mansiz. Als nach Ablauf der regulären Spielzeit noch kein Tor gefallen war, entschied Mansiz die Partie mit seinem Golden Goal in der 95. Minute. Die Türkei stand im Halbfinale der Weltmeisterschaft, und ein ganzes Land geriet außer Rand und Band.

Für das Spiel gegen Brasilien gab Ministerpräsident Bülent Ecevit den Türken einen freien Tag, damit sie das Halbfinale auch sehen konnten. Vermutlich wäre aber auch ohne die offizielle Erlaubnis niemand zur Arbeit gekommen, die Fußballbegeisterung kannte keine Grenzen. Die von einer großen Wirtschaftskrise heimgesuchte Türkei kannte nur noch ein Gesprächsthema: Fußball. Die Spieler gaben der Bevölkerung den Stoff zum Träumen, den sie brauchte: »Jetzt wollen wir alles. Wir wollen den großen Coup. Wir sind die einzigen, die unseren Landsleuten inmitten der Wirtschaftskrise noch Freude bereiten«, sagte Hasan Sas, der später neben Rüstü und Alpay als dritter Türke ins All-Star-Team der WM gewählt wurde. Durch nichts ließen die Türken sich von ihrer Fußballbegeisterung ablenken. Erst viel später kam zutage, dass die Regierung völlig unbemerkt die Preise erhöht hatte. Beim ersten Spiel gegen Brasilien stiegen die Erdgas-Preise um 1,2 Prozent, die Papier-Preise wurden um zehn und die Buch-Preise um 37 Prozent erhöht. Noch während des Costa-Rica-Spiels stiegen die Tee-Preise um 21 Prozent und während des China-Spiels wurden Zigaretten und Alkohol 15 Prozent teurer. Den freien halben Tag zum Brasilien-Spiel hatte sich die türkische Bevölkerung also redlich verdient.

Doch an diesem Tag im japanischen Saitama spielte nicht nur wieder Hakan Sükür statt Ilhan Mansiz. Die Brasilianer agierten zu abgezockt und gewannen nach einem Tor von Ronaldo souveräner, als es das Ergebnis von 1:0 aussagt. Die Kritik hielt sich diesmal in Grenzen. Und nachdem Gastgeber Südkorea im Spiel um Platz drei 3:2

bezwungen wurde – Hakan Sükür traf nach elf Sekunden mit dem schnellsten Tor, das je bei einer WM erzielt wurde und Ilhan Mansiz schoss die beiden anderen Treffer, schrieb *Hürriyet*: »Ein Traum ist wahr geworden.« *Sabah* brachte die Stimmung melodramatisch zu Papier: »Sie weinten vor Freude und ließen uns weinen.« Als die Mannschaft ein paar Tage später auf dem Istanbuler Atatürk Flughafen in der Heimat ankam, schienen alle 14 Millionen Einwohner der Metropole die Helden in Empfang zu nehmen. Auch das Militär erwies den Sportlern, die so viel für Ruhm und Ehre des Landes von Republikgründer Mustafa Kemal getan hatten, seine Ehre und schickte eine Staffel F-16-Kampfflieger als Empfangskommando. Die Spieler, die mit 200 000 Dollar Prämie und dem Trainerschein gratis entlohnt wurden, brauchten bei ihrem Triumphzug vom Flughafen bis zum zentralen Istanbuler Taksim-Platz drei Stunden. Der Weg ist selbst bei hohem Verkehrsaufkommen sonst in 40 Minuten zu schaffen. Am Taksim-Platz war vor lauter Menschen kein Pflasterstein mehr zu sehen und Hakan Sükür rief den Massen zu: »Wir wurden ohne Recht kritisiert. Doch unser Volk hat uns weiter unterstützt und ich habe meine Antwort auf dem Platz gegeben.«

Die goldenen Jahre hatten nach den EM-Teilnahmen 1996 und 2000 und dem UEFA-Pokal-Triumph von Galatasaray 2000 ihren Höhepunkt erreicht. Der ehemalige Fußballzwerg war auf Augenhöhe mit den ganz großen dieser Fußballwelt. Das verblüffte sogar Sepp Piontek. »Wenn ich ehrlich bin, hätte ich das nicht für möglich gehalten, als ich 1990 angefangen habe. Bei der WM 2002 waren noch sechs, sieben Spieler dabei, die ich mit entdeckt hatte«, erinnert er sich. Doch der damalige türkische Nationaltrainer Senol Günes hielt künftig für den türkischen Fußball noch ganz andere Erfolge für möglich. Noch am Tag der Niederlage im Halbfinale gegen Brasilien sagte er der Weltpresse: »In Zukunft muss man die Strände der Copacabana und des Schwarzen Meeres in einem Atemzug nennen, wenn darüber gesprochen wird, wo die Wiegen der größten Talente und besten Fußballspieler der Erde stehen.«

Der tiefe Fall

Der bekannte englische Fußballjournalist und Autor Simon Kuper sprach Worte, die Balsam für die Seelen der türkischen Fußballfans, Funktionäre und Politiker waren: »Der türkische Fußball ist bereits europäisch und auch der Türkei wird dies gelingen, wenn sie die Wege des Fußballs einschlägt.« Männer wie Jupp Derwall oder Gordon Milne hätten den türkischen Fußball in den 1980er Jahren vorangebracht und eine Entwicklung in Gang gesetzt, die den türkischen Fußball zu einem respektierten Mitglied in der Welt des europäischen Spitzenfußballs werden ließen, fuhr Kuper fort. Auch ehedem autoritäre Staaten wie Portugal, Spanien und Griechenland seien Demokratien geworden, weil die Aussicht auf die Mitgliedschaft in die EU Reformen in Gang gesetzt haben. Kulturen könnten wechseln, es benötige nur einen Auslöser. Die Geschichte beweise, dass in den letzten 20 Jahren in vielen Ländern die Fußballkultur durch den Einfluss ausländischer Trainer verändert wurde, ob in Portugal, Griechenland, Polen oder Russland. Vor allem aber in der Türkei. Folge die Politik dem Weg des Fußballs, so meinte der Engländer, werde auch die Türkei ein wichtiges Mitglied der EU. Der türkische Fußball habe zudem großes Potenzial, seine Entwicklung weiter voranzutreiben und dabei zwei unschätzbare Vorteile: die im Gegensatz zu den Ländern Westeuropas steigende Geburtenrate, die den Nachschub an Talenten garantiere. Und die türkischstämmigen Einwandererkinder in Deutschland und anderswo in Europa, die mit ihrer europäischen Fußball-Sozialisation dem türkischen Fußball dauerhaft neue Impulse verschaffen könnten.

Kuper sagte das nicht nach dem triumphalen dritten Platz der Türkei bei der Weltmeisterschaft 2002 in Japan und Südkorea. Er hielt seinen viel beachteten Vortrag im November 2007 auf dem Kongress »100 Jahre Sport und Wissenschaft«, den Fenerbahce Istanbul zum Abschluss der Feierlichkeiten seines hundertjährigen Bestehens in Istanbul veranstaltete. Fast fünfeinhalb Jahre waren seit dem epochalen Erfolg von 2002 vergangen und die Türkei konnte nach der in letzter Sekunde erfolgten Qualifikation für die Europameisterschaft 2008 froh sein, überhaupt wieder in eine Zukunft blicken zu können. Die goldene Ära schien inzwischen wie eine unwirkliche Episode aus fernen Tagen. Der türkische Fußball war tief gefallen. Nicht nur sportlich durch das zweimalige Fehlen bei fußballerischen Großereignissen, der EM 2004 und der WM 2006. Es war kein Zufall, dass das skandalöse Ausscheiden der türkischen Nationalmannschaft bei der Qualifikation zur WM 2006 in den Entscheidungsspielen gegen die Schweiz mit der sinkenden EU-Begeisterung in der türkischen Bevölkerung zusammenfiel. Wieder war der Fußball ein Spiegelbild gesellschaftlicher Verhältnisse. Die wollen uns nicht, wir sind benachteiligt worden, und das nur, weil wir Türken sind. So jedenfalls versuchten Nationaltrainer Fatih Terim und viele Istanbuler Medien das Aus gegen die Schweiz zu verkaufen, auch wenn sich viele Landsleute in der Türkei und Europa für das Verhalten der türkischen Spieler und Offiziellen schämten. Den Skeptikern eines türkischen EU-Beitritts spielte das Verhalten der türkischen Fußballnationalmannschaft in die Karten, die die Türkei dort ohnehin nicht wollen. »Keine Nation versteht es so gut wie die Türken, sich immer wieder selbst ein Bein zu stellen«, kommentierte der damalige türkische Außenminister Abdullah Gül. Die Fußballer spielten auch den EU-Gegnern im eigenen Land in die Hände. Die Türkei ist ein Land voller Widersprüche, die ihre Rolle in der Welt und im Innern noch sucht. Auch der Fußball zeigte in der Periode zwischen 2002 und 2007, dass Kulturen zwar wechseln können, wie Kuper meinte, aber dass eben auch widerstrebende Kräfte im Stande sind, die eingeschlagene Entwicklung zu verändern. Europa bleibt dabei die alte Sehnsucht der Türken und ihr altes Trauma – im Fußball wie in der Politik.

Es dauerte nur 16 Monate, bis den im Juli 2002 noch gefeierten Volkshelden vom Istanbuler Taksim-Platz nur ein paar Gehminuten entfernt die Wasserflaschen um die Ohren flogen. Im Inönü Stadion von Besiktas stießen ein paar Unbekannte mit seltsam klingenden Namen die türkischen Fußballer von ihrem Thron: Verpakovskis, Bleidelis oder Zemlinkis. Selbst in ihrer Heimat, in der Sportarten wie Basketball und Eishockey die Menschen begeistern, konnte mit den Namen der lettischen Fußballer nur Eingeweihte etwas anfangen. Doch nach jenem 2:2 am 19. November 2003 im Inönü stand fest, dass die Letten anstatt der Türken zur Europameisterschaft 2004 nach Portugal reisen würden. Die Türken indes waren draußen. »Wir sind wieder in der Normalität angelangt«, kommentierten Spötter bissig. Von »einem historischen Schandfleck« schrieb *Hürriyet*. »Versager« nannte *Sabah* die vor einigen Monaten noch als »Götter« bezeichneten Fußballer. Doch das war noch das Geringste, was sich die Mannen um den gealterten Kapitän Hakan Sükür in den Tagen danach an Häme gefallen lassen mussten. Nach einer starken Qualifikation, in der die Türken nur mit einem Punkt hinter England Zweiter wurden, hatte niemand im Land mit dem Aus gegen die Nobodys des klugen lettischen Trainers Alexander Starkovs gerechnet. Die Letten galten als der große Außenseiter unter den zehn Teams, die als Gruppenzweite durch die K.-o.-Runde gehen mussten, um nach Portugal zu gelangen. Schließlich waren auch Holland, Spanien, Rußland oder Kroatien potenzielle Gegner der Türkei gewesen. Am Tag der Auslosung der Barragespiele flehte das Sportblatt *Fanatik* auf seiner Titelseite: »Cek bir Letonya!« – Also her mit Lettland!. Nachdem das Traumlos tatsächlich gezogen wurde, rieten einige Kommentatoren Verbandsboss Ulusoy, sich schon mal nach den besten Hotels an der Algarve umzusehen. Dass es anders kommen sollte, war nicht so sehr Folge des Unentschiedens im Rückspiel, in dem die Türken dominierten, schnell 2:0 führten und selbst nach dem 2:2-Ausgleich noch genügend Chancen herausspielten, um die Blamage noch abzuwenden. Als Zeichen ihrer Überheblichkeit darf aber zweifellos der Auftritt der Türken vier Tage zuvor in Riga gewertet werden. Hätte Nasreddin Hodscha, eine mythische Figur, die den Türken mit Spott und hintergründigem Witz ihre Fehler und Schwächen vor Augen führt, erlebt, wie sich die türkische Delegation im Winter von Riga präsentierte, wäre er wohl zu Hochform aufgelaufen. Trotz der Minusgrade und des angekündigten Eisregens reiste die türkische Gruppe nicht mit dem adäquaten Schuhwerk in die lettische Hauptstadt. Wie Kühe auf dem Eis rutschten die Spieler auf dem gefrorenen Rasen dann auch herum und verloren prompt mit 0:1. Hohn und Spott schüttete die türkische Presse über die Mannschaft von Trainer Senol Günes aus, doch wurde die Niederlage im großen Zusammenhang des Rückspiels vorwiegend mehr als Ausrutscher gewertet. Ein fataler Irrtum, wie sich nur vier Tage nach der Rutschpartie von Riga herausstellen sollte.

Auf der Suche nach dem Sündenbock für das Desaster erwiesen sich allerdings nicht alle so einfallsreich wie Hasan Sas. Der abergläubische Offensivspieler war sich hinterher sicher, dass seit dem Ausrüsterwechsel von Adidas zu Nike nach der WM 2002 die Füße der türkischen Spieler verhext waren. Der amerikanische Wettbewerber stach mit seinem Angebot den deutschen Konkurrenten aus und stellte neben dem Equipment dem türkischen Verband in den folgenden Jahren auch jährlich einen Scheck von 3,5 Millionen Dollar aus. Doch damit wollten die wenigsten das Debakel erklären. Schon gar nicht die Istanbuler Presse, die schon am Tag danach den Rücktritt von Trainer Senol Günes forderte. Doch der Mann aus Trabzon erklärte das Aus zum Unfall, der jeder großen Fußballnation einmal passieren könne und wollte ihn selbst wieder reparieren. Ein Rücktritt kam für ihn nicht in Frage. Da im Frühjahr 2004 die Wahl eines neuen Verbandspräsidenten anstand, kam es zu keiner Entscheidungen. Die einsetzende Selbstzerfleischung lähmte den türkischen Fußball über sechs Monate. Das Schauspiel nahm mitunter groteske Züge an. Senol Günes wollte unter keinen Umständen zurücktreten und lag mit Ulusoy über Kreuz. Der eitle Präsident sah sich nach dem Triumph 2002 nicht genug gewürdigt und nahm dem Trainer übel, ihn nicht mehr ins Rampenlicht gezogen zu haben. Vor der Wahl des neuen Präsidenten stellte sich die Trabzon-Fraktion hinter Günes, während Ulusoy seinen Landsmann, den er noch vor zwei Jahren selbst inthronisiert hatte, loswerden wollte und mit dem jungen Trainer Ersun Yanal, der sich breiter Zustimmung erfreute, in den Wahlkampf zog. Doch die Regierung von Ministerpräsident Erdogan und dem für Sport zuständigen Minister Mehmet Ali Sahin wollte Ulusoy loswerden und übten Druck auf die Klubs durch die AKP-Bürgermeister aus. Ulusoy ist kein Mann der Partei des Ministerpräsidenten, aber da der Fußball in der Türkei die einflussreichste Propagandaplattform ist, versucht die Politik seit jeher Einfluss zu nehmen. Die Klubs in Anatolien sind zudem teilweise von den Städten und dem Gutdünken der jeweiligen Amtsinhaber in den Bürgermeisterämtern finanziell abhängig.

Zudem wurden damals Korruptionsvorwürfe gegen den Multi-Unternehmer Ulusoy laut. Sie reichten von Günstlingswirtschaft bis hin zu Steuerhinterziehung beim Bau des Trainingszentrums von Trabzonspor. Doch um den unbeliebten Ulusoy loszuwerden, bediente sich Minister Sahin eines skurrilen Kniffs. So wurde ein Gesetz erlassen, wonach alle Sportverbandspräsidenten ein Universitätsdiplom besitzen mussten, um das Amt zu bekleiden. Ulusoy konnte nicht mehr kandidieren und schied tief gekränkt aus dem Amt. Doch wie so oft im Fußball und in der türkischen Politik tauchen die Akteure immer wieder in denselben Positionen auf. Es sollte nicht die letzte Amtszeit des Stehaufmännchens Ulusoy gewesen sein.

Neuer Verbandspräsident wurde Levent Bicakci. Der 53 Jahre alte Jurist verfügte im Gegensatz zu Ulusoy über eine glänzende akademische Laufbahn und spricht als Teilhaber einer der angesehensten Anwaltskanzleien der Türkei fließend Deutsch und Englisch. Im April 2004 berief er Ersun Yanal als Nationaltrainer, zuvor hatte noch Ulusoy Senol Günes entlassen. Mit Bicakci und Yanal übernahm ein Duo die Verantwortung, das sich die Erneuerung des türkischen Fußballs auf die Fahnen geschrieben hatte. Bicakci, der keine Vergangenheit bei einem der großen Istanbuler Klubs hatte, wollte den türkischen Fußball vor allem ökonomisch voranbringen und den von den Grabenkämpfen der drei großen Istanbuler Vereine Besiktas, Galatasaray und Fenerbahce gelähmten Vereinsfußball einen. Yanal, Jahrgang 1961, stand vor der großen Herausforderung, den Umbruch in der Nationalmannschaft zu vollziehen. Die Protagonisten der goldenen Ära waren in die Jahre gekommen. Außerhalb der Türkei nur Fachleuten ein Begriff, machte Yanal sich einen Namen durch die Erfolge mit dem Klub Genclerbirligi aus Ankara. Dort war es ihm fast gelungen, die Phalanx der Abonnementmeister aus Istanbul zu durchbrechen, die Emporkömmlinge aus Anatolien spielten 2003 im UEFA-Cup groß auf und scheiterten erst im Viertelfinale am späteren Sieger Valencia. Der eloquente Yanal, ein diplomierter Sportlehrer ohne nennenswerte Spielerkarriere, kam mit einem englischen und einem türkischen Trainerdiplom und setzte als Vertreter einer in der Türkei neuen, gebildeten, aber sehr kleinen Trainergeneration auf Kommunikation nach innen und außen. Yanal ging mit einem ähnlichen Reformeifer ans Werk wie die AKP-Regierung von Ministerpräsident Erdogan, die die Türkei für den Beginn der Beitrittsverhandlungen zur EU bereit machen wollte.

Auf dem Weg zur Weltmeisterschaft 2006 traf die Türkei in einer schweren Gruppe auf die Ukraine, Dänemark und den Überraschungs-Europameister Griechenland. Der ungeliebte Nachbar hatte mit seinem Triumph in Portugal die Türken nur noch tiefer in die Depression gestürzt. Die Konkurrenz machte für Yanal den Umbruch der Mannschaft nicht leichter, zumal dem jungen Trainer auch Skepsis im Amt empfing, schließlich hatte er noch keinen großen Istanbuler Verein trainiert. Ohne Erfolge bei den »üc büyük«, den großen Drei aus Istanbul, gilt man in der Türkei nicht als vollwertiger Trainer.

Erst schleichend und dann radikal ersetzte Yanal die Veteranen Ergün, Alpay, Tugay, Arif oder Bülent aus der goldenen Generation mit jüngeren Kräften, bevor er auch Hakan Sükür zunächst auf die Bank und schließlich aus dem Kader verbannte. Der Zahn der Zeit nagte merklich an dem 31-Jährigen, der nach Stationen bei Inter Mailand, dem AC Parma und den Blackburn Rovers abermals bei dem Versuch gescheitert war, im Ausland Fuß zu fassen. Nun stand er wieder bei Galatasaray unter Vertrag. Doch

Yanal musste erkennen, dass ein Talent mit ähnlicher Klasse in der Türkei nicht zu finden war. Dem in Gelsenkirchen geborenen Halil Altintop vom 1. FC Kaiserslautern, der zusammen mit seinem Zwillingsbruder Hamit vom Europabüro in Deutschland entdeckt worden war, fehlte noch die Klasse und so musste Yanal auf den in der Nationalmannschaft ewig versagenden Fatih Tekke von Trabzonspor zurückgreifen. Aber der war auch schon Ende 20 und hatte seine beste Zeit hinter sich. Nihat, der in Spanien als einer der wenigen Türken im Ausland reüssierte, war zu dieser Zeit mit zwei Kreuzbandrissen hintereinander dauerverletzt. Es fehlte Yanal ein echter Stürmer, wie es Hakan Sükür in seiner besten Zeit war. Der bei Besiktas wie ein Pop-Star verehrte WM-Star Ilhan Mansiz hatte mehr mit Verletzungen und einem unsteten Lebenswandel zu kämpfen und floh ins paradiesisch bezahlte Exil nach Japan.

Der Abgang der goldenen Generation hinterließ eine Lücke, die auch in anderen Mannschaftsteilen nicht sofort zu schließen war. Tuncay und Gökdeniz, die noch beim Konföderationen-Cup 2003 in Frankreich brillierten, waren mit den zugedachten Führungsrollen nervlich überfordert. So blieben einzig Emre und der Schalker Hamit Altintop Fixpunkte im Mittelfeld, da auch Yildiray Bastürk von Hertha BSC Berlin oft verletzt war. Spätestens nach der 0:3-Heimniederlage gegen die Ukraine war Yanal ein Trainer auf Abruf und all das, was bei seinem Amtsantritt noch als vorteilhaft beschrieben wurde, wurde nun zu seinem Nachteil ausgelegt. Der intelligente Mann aus Izmir wusste sofort nach der Pleite, was ihn am nächsten Tag erwarten würde. Vergeblich bat er die Presse: »Konzentriert euch nicht auf mich, sondern seht, was bisher geleistet wurde.« Doch das Kriegsbeil gegen ihn war ausgegraben. Rücktrittsforderungen waren in allen Gazetten zu lesen und das Blatt *Fotomac* hatte die angeblichen Gründe für den »tiefen Fall« (*Hürriyet*) auf seiner Titelseite aufgelistet: »Der Weg nach Deutschland – ohne König, ohne Imparator und ohne Hoffnung.« Nun forderten dieselben Leute, die seit der WM in Asien die Ausmusterung Hakan Sükürs betrieben, in panischer Angst, zum zweiten Mal bei einem großen Turnier hintereinander zu fehlen, die Rückkehr des Stürmers. Die Verbannung des Stürmerdenkmals wurde Yanal nun vorgeworfen. Auch besitze er nicht die Erfahrung des »Imparators« Fatih Terim, schließlich hatte er noch nie einen großen Verein trainiert.

Die Erfolge des Konzepttrainers mit Genclerbirligi waren nun nichts mehr wert. Ein Fernsehsender befeuerte die Kampagne gegen den Nationaltrainer mit Korruptionsvorwürfen aus dessen Zeit bei Ankaragücü. Dort soll er angeblich Schwarzgeld aus dubiosen Quellen als Prämie an seine Spieler ausgezahlt haben. Yanal gab die Zahlungen später zu. Zur Anklage kam es aber nie, denn in türkischen Vereinen ist es nicht unüblich, dass die Trainer Prämien verteilen, die sie von den Vereinspräsidenten bekommen. Die Spieler bekommen Netto-Gelder, die Versteuerung ist Sache der Vereine. Am Ende verspotteten die Istanbuler Medien Yanal als Laptop-Trainer, weil er sich in seiner täglichen Arbeit modernster Techniken bediente. Zermürbt trat Yanal trotz eines 6:0-Auswärtssieges gegen Kasachstan und des zweiten Platzes in der Qualifikation hinter der Ukraine im Frühjahr 2005 zurück. Die Diskussionen um den Trainer und vor allem um Hakan Sükür belasteten die Mannschaft und die ganze Fußballszene.

Verbandspräsident Levent Bicakci sah dem ganzen Treiben nur hilflos zu. Mit seinem Anspruch, die Istanbuler Vereine zu befrieden, war er schon lange gescheitert. Die Fußballszene gab ein beschämendes Bild ab. Gewalt in den Stadien war an der Tagesordnung, und sie zog einen massiven Zuschauerschwund nach sich. Ein Spieler von

Samsunspor gab an, von der Mafia bedroht zu werden, und Nationalspieler Gökdeniz wurde wegen seiner Verwicklung in einen Wettskandal sechs Monate gesperrt. Tonbandaufnahmen des verhafteten Mafia-Paten Sedat Peker legten einen großen Manipulationsskandal offen, in den auch Besiktas verwickelt war. Die türkischen Vereinsmannschaften waren allesamt früh im Europacup ausgeschieden. Wer eine derart triste Gegenwart hat, erinnert sich an die Vertreter einer erfolgreichen Vergangenheit. Verbandspräsident Levent Bicakci vertraute die Milli Takim zum zweiten Mal Fatih Terim an.

Nach seiner frühzeitigen Demission beim AC Mailand hatte Terim gerade seine missglückte anderthalbjährige Rückkehr zum Klub seiner früheren Erfolge beendet. Nur Platz fünf in der Liga, das Ausscheiden in der dritten Runde des UEFA-Cups und Streitigkeiten um Geld und Posten im Hintergrund veranlassten Terim Ende 2004 zum Rücktritt bei Galatasaray Istanbul. Bei seiner zweiten Vorstellung als Nationaltrainer gab der von der Aura des Erfolges umstrahlte Terim den Gönner. »Sollten wir uns für die WM qualifizieren, gebührt der Dank Ersun Yanal. Scheitern wir, übernehme ich die Verantwortung«, sagte er wohl wissend, dass im Falle der Teilnahme am Großereignis in Deutschland nur einem die Lorbeeren überreicht werden würden – ihm selbst. Terim nahm sofort alle Reformmaßnahmen seines Vorgängers zurück. Der Imparator holte als erste Amtshandlung alte Weggefährten wie Ergün, Alpay, Fatih Akyel und natürlich seinen König Hakan Sükür zurück in den Kreis der Nationalelf. Der kurzfristige Erfolg hatte diesmal Vorrang vor der langfristigen Arbeit. Nur mit viel Glück wurde der zweite Platz durch einen glücklichen 1:0-Sieg im abschließenden Spiel in Albanien gerettet. Terim gelangen zudem ein Zittersieg in Kasachstan (2:1), ein Erfolg in letzter Sekunde bei der bereits qualifizierten Ukraine

(1:0) und ein glückliches 2:2 gegen Dänemark. In Tirana wurde Terim auf den Schultern von Betreuern und Spielern vom Platz getragen. Dem endgültigen Triumph stand in den zwei Austragungsspielen nun die Schweiz im Weg.

Was nun folgte, wurde zum Lehrstück in Sachen türkischer Mentalität. Schon nach der Auslosung der Partie konstruierte die türkische Presse die Verschwörungstheorie, nach der die Türkei ohnehin chancenlos sei, weil FIFA-Präsident Blatter ein Schweizer sei. Nachdem die Türken beim Hinspiel nach einer ganz schwachen Leistung 0:2 verloren hatten, spielte Terim das ganze Repertoire seiner demagogischen Fähigkeiten. In Bern verweigerte er die Pressekonferenz, zettelte ein Handgemenge im Kabinengang mit dem Schweizer Spieler Alexander Frei an und geißelte die Pfiffe der Schweizer Zuschauer beim Erklingen der türkischen Nationalhymne. All das diente nur einem Ziel: vom eigenen sportlichen Versagen abzulenken und die Fußballfans hinter sich zu bringen, denn in der Presse wurde Terim vereinzelt bereits in Frage gestellt. *Milliyet* kritisierte die schwache Leistung von Hakan Sükür und fragte: »Werden wir der Periode unter Yanal einmal nachtrauern?« *Sabah* aber hatte immer noch Hoffnung: »Wir sind aus der letzten Kurve vor Deutschland rausgeschleudert, aber wir kommen auch als Verletzte zur WM.« Doch der Totalschaden stand erst noch bevor. Der türkische Sportjournalist Bagis Erten erklärt die Mentalität der Türken so: »Wenn wir ein Dach sehen, auf dem ein Ziegel kurz vor dem runterfallen ist, gehen wir nicht hoch und ersetzen den Ziegel. Und wenn er dann schließlich runtergefallen ist, fragen wir uns verwundert, warum es jetzt ins Dach regnet.« So ähnlich lief die Sache während der Barrage mit der Schweiz ab. Vor dem Rückspiel war die Stimmung nationalistisch aufgewallt, über Sport wurde kaum gesprochen und geschrieben. Scharfmacher wie Davut Disli bestimmten die öffentliche Diskussion. Der ultranationalistische Manager der Nationalmannschaft schürte die Ressentiments und sprach die alten Minderwertigkeitskomplexe an: »Die Schweizer haben uns schlecht behandelt, dafür werden sie bezahlen. Wenn die Gerechtigkeit uns unser Recht nicht gibt, müssen wir es uns am Mittwoch selbst holen.« Die martialischen Töne zeigten Wirkung. Die Schweizer Mannschaft wurde bei ihrer Ankunft am Atatürk Flughafen in Istanbul von fanatischen Fans belästigt und von den Sicherheitskräften stundenlang schikaniert. Auf der Fahrt ins Hotel wurde der Schweizer Bus mit Steinen und Eiern beworfen. Die Schweizer Verantwortlichen beschwerten sich beim FIFA-Delegierten und schalteten ihre Botschaft ein. Ein Vorgang, der in einer populären Fernsehtalkshow des Senders *ATV* Anlass zur gezielten Desinformation gab. Die Schweiz wolle nicht antreten, behauptete ein Reporter unwidersprochen und live im Fernsehen. Mitten in den nationalistischen Chor fragte wenigstens die liberale Zeitung *Radikal* frech: »Ihr habt Bitte gesagt. Wo ist das Bitte geblieben?« Angespielt wurde auf eine groß angelegte Fair-Play-Kampagne des Verbandes gegen die grassierende Gewalt in den türkischen Stadien, die »Bitte« betitelt war.

Indes, es nützte nichts. Die Schweizer Trainerbank wurde schon beim Abspielen der Schweizer Nationalhymne mit Gegenständen beworfen. Am Ende hatten die Türken zwar 4:2 gewonnen, aber eben ein Tor zu wenig geschossen. Die WM in Deutschland fand ohne den vor vier Jahren noch so stolzen WM-Dritten statt. Beim Verlassen des Platzes entlud sich der ganze Frust. Terims Assistent Mehmet Özdilek stellte dem Schweizer Behrami ein Bein, als dieser in die Kabine flüchtete, der Schweizer Benjamin Huggel revanchierte sich mit einem Tritt in den Hintern Özdileks, eines eigentlich friedlichen Zeitgenossen. Alpay packte Huggel am Nacken. Im Kabinengang droschen türkische

Sicherheitskräfte und türkische Spieler auf die Schweizer ein, und alles wurde live im Fernsehen gezeigt. Terim indes versuchte es hinterher weiter mit Verschwörungstheorien. »Freunde«, fragte er in der Pressekonferenz, »wie kann man gewinnen, wenn man zweimal gegen zwölf Schweizer antritt?« Gemeint waren die Schiedsrichter, die aber in beiden Spielen keinen entscheidenden Fehler machten. Das Fazit des 16. November 2005 geriet für den türkischen Fußball zum Desaster: Nicht nur dass man zum zweiten Mal hintereinander ein großes Turnier verpasst hatte, der internationale Ruf des türkischen Fußballs wurde nachhaltig beschädigt. Die FIFA sperrte die türkischen Spieler Alpay, Emre und Serkan für mehrere Pflichtspiele, verdonnerte den Verband zur Zahlung von 100 000 Euro Geldstrafe und zur Austragung von drei Heim-Pflichtspielen ohne Zuschauer außerhalb der Landesgrenzen. Glaubte das Sportblatt *Fanatik* am Tag danach noch allen Ernstes daran, dass die Türken den Schweizern »in die Falle gegangen« seien, so gab es in den darauffolgenden Tagen selbstkritische Töne. Die auflagenstärkste Tageszeitung *Hürriyet*, während der Spiele noch Epizentrum der Verschwörungstheorien und massiver Aufwiegler, forderte: »Terim muss die Rechnung zahlen.« Doch der hatte von Verbandspräsident Levent Bicakci einen Maulkorb verpasst bekommen.

Der beleibte Jurist, an einem deutschen Elitegymnasium ausgebildet, versicherte direkt nach dem Spiel, er wolle mit Terim weitermachen. Doch die Macht, dies zu entscheiden, hatte er schon bald nicht mehr. Die Bilanz seiner zweieinhalbjährigen Amtszeit fiel bitter aus. Mehr Transparenz wollte Bicakci in den türkischen Fußball bringen und sportlich an alte Erfolge anknüpfen, beides misslang gründlich. Er konnte die restaurativen Kräfte nicht im Zaun halten. Im Zuge der Ermittlungen angeblich illegaler

Prämienzahlungen des ehemaligen Nationaltrainers Ersun Yanal gab der Vize-Präsident des Ermittlungsausschusses des Parlaments, Ahmet Ersin, zu Protokoll: »Nach unseren Erkenntnissen ist der Fußball ein Paradies für Spielabsprache, illegale Prämienzahlungen und die Mafia.« Vor dem Gremium sagte der ehemalige Erstligatrainer Adnan Dincer aus, dass 90 Prozent aller Funktionäre im Verband und in den Vereinen in mafiose Machenschaften verstrickt seien. Die Untersuchungen wurden allerdings aus Mangel an Beweisen eingestellt. Für großes Aufsehen nach dem Schweiz-Spiel sorgten zudem Fernsehbilder von der Rauferei im Kabinengang. Zu sehen waren die bekannten Schläger Yasar Aydin und Ali Kiratli, die kräftig austeilten. Obwohl ihre Namen nicht auf der Akkreditierungsliste zu finden waren, hatten die beiden »Geschäftsleute« Zutritt zum Innenraum. Nach türkischen Medienberichten wurden sie von Davut Disli, dem Manager der Nationalmannschaft, in die Katakomben des Sükrü Saracoglu Stadions geschleust. Aydin und Kiratli werden in der Türkei mit dem Mafia-Paten Sedat Peker in Verbindung gebracht. Das sorgte deshalb für so großes Aufsehen, weil es an den Susurluk-Skandal erinnerte, der 1996 die türkische Gesellschaft erschütterte. In der ostanatolischen Stadt Susurluk flogen Verbindungen zwischen der Mafia, Polizei und Staat auf, als bei einem Verkehrsunfall eine Schönheitskönigin, ein Mafioso und ein Geheimdienstler uns Leben kamen. Ein Abgeordneter des Parlaments überlebte. Im Kofferraum des Autos befanden sich Sprengstoff und Waffen. Dass ultranationalistische Kräfte aus Militär, Geheimdienst, Mafia und Politik eine geheime Agenda verfolgten, wurde nun offensichtlich. In der Türkei nennt man das der »tiefe Staat«. Dass Mafia-Schläger von Verbandsoberen ins Stadion geschleust wurden, löste Entsetzen aus. Nach dem Susurluk-Skandal hatte der damalige Innenminister

Mehmet Agar zurücktreten müssen, denn der umgekommene Mafiosi hatte einen gefälschten, vom Minister unterschriebenen Pass bei sich. Agar war auch ein Freund von Fatih Terim, der oft auf den Vorfall angesprochen wurde. Stets sagte er: »Er ist mein Freund und bleibt es.«

Zum Sündenbock für die Geschehnisse beim Schweiz-Spiel wurde Levent Bicakci. Der Verbandspräsident wurde vom für Sport zuständigen Minister der AKP-Regierung, Mehmet Ali Sahin, zum Rücktritt gedrängt und machte somit kurz darauf den Weg frei für Neuwahlen. Doch Minister Sahin musste dabei eine herbe Niederlage hinnehmen. Trotz der Ankündigung einer Anklage wegen Korruption aus seiner ersten Amtszeit wurde Haluk Ulusoy im Januar 2006 wieder zum Präsidenten des türkischen Fußballverbandes gewählt. Durch eine Verfassungsklage hatte er zuvor jenes Gesetz außer Kraft gesetzt, das einen Hochschulabschluss für das Amt voraussetzt.

Terim, der zuvor mit einem Rücktrittsgesuch kokettierte, blieb im Amt. Die Chance für einen Neuanfang war vertan. Ulusoy, ein zäher Strippenzieher, der auf Knopfdruck weinen kann, malte bei seiner Antrittsrede die Zukunft in goldenen Farben: »Wir werden wieder eine erfolgreiche Ära begründen – mit Terim.«

Ersun Yanal sagt ein Jahr später, er habe sich beim Rückspiel gegen die Schweiz geschämt. Der Vorgänger Terims sitzt in der Wohnung eines Bochumer Rechtsanwalts, der ihm zu einem Engagement bei einem ausländischen Verein verhelfen soll. Türkische Trainer stehen aber nicht erst seit dem Schweiz-Desaster international nicht besonders hoch im Kurs. Yanal spricht nur gebrochen Englisch, aber doziert vor seinem Laptop sitzend mit fiebrigen Augen über neueste Entwicklungen im Fußball. Er hat sich beim VfL Bochum, bei Schalke und in Leverkusen die Jugendarbeit angesehen. Gerade hat er sein zweites Trauma erlebt, denn er hat seinen Job bei Vestel Manisaspor hingeschmissen. Einer seiner Spieler und ein Co-Trainer hatten den Schiedsrichter während einer Partie tätlich angegriffen, das Spiel wurde abgebrochen. Yanal hatte große Hoffnungen in Manisa geweckt, wo er die Mannschaft kurzfristig zum Tabellenführer machte. Danach folgte der Absturz. »Wir Türken sind faul und suchen die Schuld nach Niederlagen immer bei anderen. Das ärgert mich«, sagt er. Dabei habe der Fußball ein so großes Potenzial in seinem Land. »Aber wir müssen unsere Mentalität ändern«, glaubt Yanal.

Die Spiele hinter verschlossenen Türen sind zu diesem Zeitpunkt im Sommer 2007 vorbei. Fatih Terim scheint zwar sein früher so perfektes Gespür für richtige Entscheidungen endgültig verlassen zu haben, ein Menschenfänger ist er aber trotzdem geblieben. »Ich mache alles, was Terim sagt. Ich habe ihm alles zu verdanken«, erklärt Arda Turan, 20 Jahre altes Offensivtalent von Galatasaray, den Terim in die Nationalmannschaft berufen hat. So ähnlich hört sich das auch bei Nuri Sahin an, einem anderen ganz jungen Hoffnungsträger, der bei Borussia Dortmund ausgebildet wurde. Oder bei Hakan Balta, der ebenfalls unter Terim debütierte. Doch die Jungen sind zu jung, die Alten noch älter geworden und im Sturm setzt Terim immer noch auf den alten Weggefährten Hakan Sükür. Ein Konzept des Trainers lässt sich nicht erkennen während der Kampagne, die mit zwei Siegen bei den Spielen hinter verschlossenen Türen gegen Malta und Moldawien in Frankfurt begann. Insgesamt 40 Spieler wird Terim in den zwölf Spielen einsetzen. Als im Oktober 2007 das Heimspiel gegen den Erzrivalen Griechenland verloren wird, scheint das dritte Scheitern bei der Qualifikation für ein großes Turnier unabwendbar. »Terim istifa« – Terim raus«, rufen die Menschen. Doch der tief gekränkte Imparator beginnt zu kämpfen und kann die Verbandsspitze in einer achtstündigen Sitzung zwei Tage nach dem Spiel von seinem Verbleib im Amt überzeugen. Ohne Veränderungen kann es dennoch nicht mehr weitergehen, in höchster Not opferte der Kaiser den König. Hakan Sükür wird von Terim für die beiden verbleibenden Spiele in Norwegen und gegen Bosnien-Herzegowina nicht nominiert. Beide muss die Türkei gewinnen, beide gewinnt sie, den Abnutzungskampf in Oslo (2:1) und den Sturmlauf gegen die Mannschaft vom Balkan (1:0).

Terim wurde dort, wo sie vier Wochen zuvor noch seinen Kopf forderten, von seinen Spielern auf den Schultern vom Platz getragen und enthusiastisch von den Rängen gefeiert. Der alte Terim sei zurück, schrieben die devoten Kolumnisten. Und Terim zeigte stolz seine schneeweißen Zähne, als er lachend resümierte: »Ich glaube, wir lieben es, den schweren Weg zu gehen.« Die erfolgreiche Qualifikation überschattete die bitteren Zustände in der Liga und im Verband. Als Terim mit Verbandspräsident Haluk Ulusoy zur Gruppenauslosung nach Luzern reiste, ging es schon wieder drunter und drüber im türkischen Verband. Die alte Feindschaft zur AKP-Regierung von Ministerpräsident Erdogan hatte Ulusoy eingeholt. Die Regierung hatte ein Gesetz erlassen, wonach der Fußballverband einen Generalausschuss gründen muss, der eine neue Satzung bestimmt und den Präsidenten neu wählt. In diesem Ausschuss sitzen vor allem die Mitglieder der anatolischen Vereine, die von AKP-Politikern geführt werden. Ulusoy ist den meisten von ihnen auch deswegen ein Dorn im Auge, weil er oft die Interessen der großen Klubs aus Istanbul ausgiebig berücksichtigte.

Auf der großen Bühne in Luzern sagte Ulusoy nach der Auslosung: »Wir werden weit kommen und dem türkischen Volk viel Freude bereiten.« Als der griechische Europameister Theodoros Zagorakis die Türkei in die

Gruppe des Gastgebers Schweiz gezogen hatte, war die erste Reaktion von Fatih Terim ein breites Grinsen. Später umarmte er den Schweizer Kapitän Alexander Frei und sagte: »Wir hatten damals ein Problem mit der Schweiz, das ist jetzt vorbei. Wir kommen als Freunde.« Entschuldigt für sein Verhalten im November 2005 hat sich Terim indes bis heute nicht.

Eingetürkt

Ganz vorsichtig schiebt Mehmet die CD in den Player, dann nimmt er Haltung an: Zwei Hände halten das Lenkrad, das Kreuz ist kerzengerade durchgestreckt – so gibt er Gas. Für einen kurzen Moment lächelt Mehmet selig entspannt wie jemand, der sich auf etwas freut, auf das er schon den ganzen Tag gewartet hat: Ein paar Sekunden noch, dann beginnt der Istiklal Marsi, die türkische Nationalhymne. Die Nobelkarosse aus Deutschland fährt durch die Autobahnwüsten Istanbuls und Mehmet Aurelio, der eigentlich Marco Aurelio Brito dos Prazeres heißt, singt tatsächlich jedes Wort mit heißer Inbrunst mit, ganz so wie ein Teenager seinen Lieblings-Popsong. »Fürchte dich nicht! Unauslöschbar ist die wehende rote Fahne in dieser Dämmerung/ Ununterbrochen raucht das allerletzte Herdfeuer über meiner Heimat/ Dieses ist Stern meines Volkes, es wird leuchten!/ Mein ist es, allein meinem Volk gehört es!«, singt Aurelio, bevor er an einer Tankstelle anhält. Er steigt aus, aber der Istiklal Marsi ist weiter zu hören und sofort stehen die Menschen an der Tankstelle beim Hören ihrer Nationalhymne stramm: Der kleine Helfer, der dem großen Mehmet Aurelio das Benzin ins Auto lassen will und schon den Tankschlauch in der Hand hat, hält genauso inne wie der Rest der Familie, bestehend aus einem Vater, einer Mutter und einem Sohn. Selbstverständlich steht auch der Star selbst vor seinem Auto stramm, bevor der Werbespot des türkischen Energiekonzerns Alpet zu Ende geht und zwei blaue Fahnen mit dem Logo des Unternehmens neben der Fahne der Türkei im Wind wehen. Alpet ist Sponsor der türkischen Nationalmannschaft und dass Mehmet Aurelio, Mittelfeldspieler der Milli Takim, die Hauptrolle in diesem Werbespot übernommen hat, der im Herbst des Jahres 2007 schier in Endlosschleife im türkischen Fernsehen zu sehen war, ist aus vielerlei Gründen bemerkenswert.

Zusammen mit zwei Landsleuten kam der Fußballer Marco Aurelio im Jahr 2001 aus Rio de Janeiro in die Türkei. Während die zwei anderen Brasilianer die skeptischen Fans von Trabzonspor nicht überzeugen konnten, durfte Marco, wie er damals noch hieß, bleiben. Zwei Jahre spielte der laufstarke und ballsichere Aufbauspieler am Schwarzen Meer, gewann den türkischen Pokal, wechselte 2003 zu Fenerbahce Istanbul und gewann bis 2007 drei Meisterschaften. Marco Aurelio galt schnell als der beste defensive Mittelfeldspieler der türkischen Süperlig. Im Frühjahr 2006 nahm er die türkische Staatsbürgerschaft an. Wer fünf Jahre lang in der Türkei lebt und arbeitet, kann sie beantragen. Nur kurze Zeit später, am 16. August 2006, debütierte Aurelio in der Nationalmannschaft der Türkei. Es war ein lauwarmer Augustabend im Josy-Barthel-Stadion des Großherzogtums Luxemburg, als der Istiklal Marsi zum ersten Mal für ihn erklang. Aber der Brasilianer konnte den Text nicht, und nicht nur deswegen war in den Wochen zuvor in der Türkei eine erhitzte Debatte über die Berufung des dunkelhäutigen »Neu-Türken« in die Auswahl von Trainer Fatih Terim entflammt. Marco Aurelio hieß jetzt übrigens nicht mehr Marco, sondern Mehmet, eine Konzession an die Nationalisten. Mehmet Marco Aurelio, so sein offizieller Name, war der erste »Nicht-Türke«, der für die türkische Nationalmannschaft gegen den Ball getreten hat.

Das Frühjahr 2006 hatte wieder einmal eine bittere Bilanz türkischer Klubs in den europäischen Vereinswettbewerben geliefert, und die Nationalmannschaft tat sich schwer auf dem Weg zur Europameisterschaft 2008. Kein türkischer Klub war mehr vertreten in der Champions League und im UEFA-Cup, und es gab eine hitzige Diskussion über die Stärke der heimischen Liga. Ein immer wiederkehrender Diskussionspunkt war dabei die Aufhebung der Ausländerbeschränkung für die türkischen Erstligaklubs. Nach dem 0:2 in der Champions League im November 2005 beim FC Schalke 04 hatte Aziz Yildirim, der Präsident von Fenerbahce Istanbul, die Debatte wieder einmal gestartet. »Solange wir unseren Klubs nicht erlauben, so viele Ausländer wie sie wollen einzustellen, wie das in den großen Ligen Europas möglich ist, werden wir gegen die europäischen Top-Klubs keine Chance haben«, konstatierte er nach der Niederlage in Gelsenkirchen, die das abermalige Ausscheiden Fenerbahces aus der Champions League einleitete. Seit dem UEFA-Cup-Gewinn von Galatasaray Istanbul im Jahr 2000 streben die großen Klubs aus Istanbul nach Ruhm in Europa. Derzeit gilt in der Türkei aber die 6+1 Regelung, nach der in Ligaspielen sechs ausländische Spieler von Beginn an auflaufen dürfen und einer als Ersatzspieler nominiert werden darf. Ein Trick der Klubs, diese Regelung zu umgehen, ist dabei die Einbürgerung von so genannten »Neu-Türken«. Marco Aurelio Brito dos Prazeres machte im Frühjahr 2006 den Anfang.

Die Diskussion um seine Einbürgerung und schließlich seine Berufung in die Milli Takim fiel in die schon erwähnte Phase schwindender EU-Begeisterung der Türken. Türkeikritische Aussagen vor allem von konservativen Politikern aus Österreich und Deutschland spielten den Nationalisten in die Hände. Aber auch in der Bevölkerung schlich sich zu dieser Zeit immer mehr das Gefühl ein: Die Europäer wollen uns nicht. Und dann sollte auch noch ein Brasilianer türkischer Nationalspieler werden, ein dunkelhäutiger zumal, der weder fließend Türkisch sprechen noch den Text der Nationalhymne konnte? Die Nationalisten machten mobil. Der Passwechsel Aurelios sei nicht der Liebe des Brasilianers zur Türkei geschuldet, sondern kühle Berechnung seines Klubs Fenerbahce, um die Obergrenze von sechs ausländischen Spielern pro Mannschaft zu umgehen, schrieb einer der bekanntesten Sportjournalisten des Landes, Kazim Kanat. Er kündigte gar erbost an, sich beim Erklingen der Nationalhymne im Luxemburger Stadion nicht zu erheben, weil Aurelio das Trikot mit dem weißen Halbmond trägt. Ein größeres Zeichen der Missbilligung konnte sich die nationalistisch gestimmte türkische Sportkolumnistenlegende wohl nicht vorstellen. Kanats Ablehnung der Berufung Aurelios erfreute sich breiter Unterstützung. Der Vorsitzende des türkischen Schiedsrichterverbandes, also ein Offizieller der Türkischen Fußballföderation, sprach von einer »Degeneration des Türkischen« in der Nationalmannschaft. Auch aus der Liga gab es laute Stimmen harter Ablehnung. Ilhan Cavcav, Klubpräsident von Genclerbirligi Ankara, nannte Aurelios Berufung »unfair gegenüber den 72 Millionen Türken in unserem Land«.

Der Aufschrei war groß. Dabei gab es eingebürgerte »Yeni-Turkler« – Neu-Türken – in anderen Sportarten schon seit längerem. Die Mittelstrecklerin Elvan Abeylegesse zum Beispiel stammt aus Äthiopien, gewann aber für die Türkei bei der EM 2006 in Göteborg über 5000 Meter die Bronzemedaille. Als sie im norwegischen Bergen 2004 über 5000 Meter als allererste türkische Leichtathletin überhaupt einen Weltrekord aufstellte, war ihr die Anerkennung der ganzen Türkei gewiss. An diesem Abend lief die in Addis Abeba geborene Abeylegesse, die einen Türken heiratete (und sich später wieder scheiden ließ), mit der türkischen Fahne die Ehrenrunde. Auch die Russin Natalia Hanikoglu wurde ins Volleyball-Nationalteam berufen, ohne dass es einen Aufschrei der Entrüstung darüber gegeben hätte. Doch die Fußball-Nationalmannschaft wurde eben als Symbol der nationalen Einheit verstanden.

Die beschwichtigenden Stimmen in der Causa Aurelio kamen vorwiegend von dort, wo man den größten Vorteil aus der Berufung des damals 28-Jährigen zog. Vor allem Nationaltrainer Fatih Terim spielte den Mahner. Jeder, der einen türkischen Pass besitze, sei auch berechtigt, für die türkische Nationalmannschaft zu spielen. »Passt auf, dass ihr nicht zu Rassisten werdet«, warnte Terim. Dabei war der um nationalistische Ausbrüche kaum verlegene Mann in der Vergangenheit als Mann des Ausgleichs nur selten aufgefallen. Man denke nur an sein von nationalistischer Hetze und Verschwörungstheorien geprägtes Verhalten während der WM-Qualifikation gegen die Schweiz. Auch in seiner großen Zeit bei Galatasaray in der zweiten Hälfte der 1990er Jahre gab er sich gegenüber ausländischen Spielern und Trainern immer »misstrauisch«. Am 28. Juli 1997 hatte er der Zeitung *Yeni Yüzyil* gesagt: »Ich bin gegen die Europäisierung. Lasst uns nehmen, was gut und schön ist, aber die Europäisierung aller Aspekte unseres Lebens bedeutet keine Modernisierung. Wir waren erfolgreich, weil wir bewaffnet mit unseren Werten, unserem Glauben und unseren Ambitionen gekämpft haben.« Und als der bosnische Trainer Istanbulspors nach einem Spiel gegen Galatasaray eine Schiedsrichterentscheidung kritisierte, entgegnete Terim: »Ich kann nicht verstehen, wie ein Jugoslawe so zu mir reden kann.«

Solche Ausfälle gegenüber ausländischen Trainern und Spielern gab es einige. Einen der größten Skandale in diesem Zusammenhang lieferte der damalige Manager von Galatasaray Istanbul, Bülent Tulun. In der Zeitung *Star* vom 6. August 1999 äußerte sich Tulun zur steigenden Zahl afrikanischer Fußballprofis in der Türkei so: »Die unkultivierten Massen afrikanischer Fußballer, die in ihrem eigenen Kontinent noch in Herden leben, werden die Türkei und die nördliche Hemisphäre, die viel zivilisierter ist, schon bald wieder verlassen.« Diese offen rassistische Äußerung wurde im selben Jahr vom damaligen Präsidenten von Trabzonspor, Mehmet Ali Yilmaz, noch übertroffen. Nachdem die Mannschaft ein Spiel verloren hatte, bei dem die ausländischen Profis schlecht spielten, bezeichnete Yilmaz den schwarzen Profi Kevin Campbell, einen Engländer, als »Kannibalen«. Der Skandal zog weite Kreise. Mit seinem Versuch, die Situation zu beruhigen, verschlimmerte Yilmaz die Situation nur noch. Er hätte nicht Kannibale gemeint, sondern »Araber«, erklärte Yilmaz.

Solche extremen rassistischen Ausfälle sind aber dann doch eher die Ausnahme. In der Türkei sehen auch linke Nationalisten (in der Türkei ist das kein Widerspruch) die »Infrastruktur der sportlichen Erziehung« in Gefahr, wenn schlecht spielende Ausländer »unseren türkischen Jungs« den Platz wegnehmen. Sie sehen in der übermäßigen Rekrutierung ausländischer Spieler eine unverhältnismäßige Kommerzialisierung der lokalen Fußballszene, die den Massenerfolg des Sports behindert.

Das Posieren mit der türkischen Flagge gehört seit den 1970er Jahren zur Folklore für ausländische Spieler und Trainer. Das treibt manchmal lustige Blüten, manchmal aber hat es auch ernste politische Hintergründe. Die Spieler, sofern sie ihre Zukunft bei türkischen Klubs sehen, haben kaum eine Chance, sich dieser Vereinnahmung zu entziehen. Der Kameruner Njitap Geremi posierte als Spieler des Klubs Genclerbirligi aus Ankara Mitte der 90er-Jahre mit der türkischen Flagge auf den Stufen des Atatürk-Mausoleums in der Hauptstadt. Die Zeitung *Sabah* sah sich daraufhin veranlasst, Geremi als »ehrlichen Bewunderer Atatürks« zu bezeichnen. In der Öffentlichkeit wird so ein

Bild vermittelt, das den Spieler als »einen von uns« darstellt. Das kann in vielen Fällen heikel werden, sobald beispielsweise eine diplomatische Krise die Beziehungen eines bestimmten Landes zur Türkei belastet. Als Galatasaray im Herbst 1992 im UEFA-Cup gegen Eintracht Frankfurt antrat, geschah dies vor dem Hintergrund einer schweren bilateralen Krise. Die deutsche Regierung weigerte sich, weiter militärisches Material zu liefern, weil sie der türkischen Regierung vorwarf, dieses im Kampf gegen die kurdische Separatisten-Bewegung PKK im Südosten der Türkei auch gegen die Zivilbevölkerung einzusetzen. Die beiden deutschen Spieler Galatasarays, Reinhard Stumpf und Falko Götz, standen vor diesen zwei hoch emotionalisierten Begegnungen in der türkischen Öffentlichkeit unter großem Druck, Loyalität dem türkischen Volk und ihrem Verein gegenüber zu beweisen. Götz machte wenige Tage vor dem ersten Spiel eine Presseerklärung. Darin sagte er: »Am Spieltag werde ich vergessen, ein Deutscher zu sein, Fußball hat keine Nationalität.« Die türkischen Medien priesen Götz daraufhin mit den Worten »Helal für dich!«. Weniger pragmatisch gab sich Reinhard Stumpf, der nach dem Spiel »wie ein Türke mit der türkischen Flagge in der Hand paradierte«, wie die beiden Autoren Bora und Erdo in ihrem Buch »Dur Tarih, Vur Türkiye« schreiben. Aus der Kurve skandierten die Galatasaray-Anhänger damals Parolen, die Politiker zwar dachten, aber aus diplomatischen Gründen nicht aussprachen: »Deutschland und die PKK stehen Seite an Seite // Die Türkei wird beide Schweine aus ihrem Versteck locken.« Die türkischen Medien feierten das Weiterkommen Galatasarays als einen Sieg der Türkei gegenüber dem PKK-Unterstützerland Deutschland.

Dass dieses eingeforderte Bekenntnis zur Türkei, das von Stumpf und Götz damals auf unterschiedliche Weise eingelöst wurde, von den ausländischen Spielern nicht als selbstverständlich vorausgesetzt wird, beweist das Beispiel des Klubs Erzurumspor aus Ostanatolien. Die wichtigsten Spiele der Klubgeschichte, etwa Relegationsspiele um Auf- oder Abstieg, bestritt Erzurumspor immer ohne seine ausländischen Profis. Die Klubführung ging davon aus, dass nur lokale oder zumindest türkische Kräfte in diesen kritischen Spielen die notwendige Solidarität, den notwendigen Eifer und die nötige Opferbereitschaft mit einbringen können, um erfolgreich zu sein.

Wie gefährlich es ist, mit nationalen türkischen Symbolen zu spielen, hätte Christoph Daum eigentlich wissen müssen. Der deutsche Trainer wurde 2003 nach seiner Kokain-Lüge, die ihn in Deutschland um den Job des Bundestrainers brachte, bereits zum zweiten Mal in der Türkei engagiert, als er dem Ruf von Fenerbahce-Präsident Aziz Yildirim folgte. Lange kokettierte Daum damit, die türkische Staatsbürgerschaft annehmen zu wollen. Als er im Oktober 2004 der deutschen *tageszeitung* mitteilte, er wolle die türkische Staatsbürgerschaft nicht annehmen, weil er dann die deutsche abgeben müsse, gab es in der Türkei einen Aufschrei. Daum begründete seine Entscheidung damit, dass die CSU ihn vor die Wahl stelle: entweder die türkische oder die deutsche Staatsbürgerschaft. Nachdem Reporter der Deutschland-Ausgabe von *Hürriyet* daraufhin bei der CSU nachfragten und diese dies verneinte, machte die Türkei-Ausgabe der Zeitung eine Titelgeschichte daraus, die eine tagelange Diskussion nach sich zog.

Da die Entwicklung der Globalisierung und die Kommerzialisierung auch vor dem türkischen Fußball nicht haltmachte, überboten sich die Potentaten der Klubs ab der Jahrtausendwende im Bemühen, große Namen europäischer und südamerikanischer Spieler und Trainer zu präsentieren. Darin lag die oft selbstherrliche Absicht, sich mit den Großen des Weltfußballs zu schmücken. Andererseits war es auch ein Eingeständnis der Schwäche türkischer Trainer und typisch türkischer Mentalität, die Dinge nicht strukturell zu verändern, sondern nur die Fassade aufzubauen. Doch der zweitklassige Rang der türkischen Liga verhindert bis heute, dass die großen Spieler in der Blüte ihrer Kunst den Weg in die Türkei finden. Der Traum, mit den großen europäischen Ligen auf Augenhöhe zu konkurrieren, ist immer noch nicht mehr als das.

Als im Oktober 2004 Fenerbahce den damals 26 Jahre alten Franzosen Nicolas Anelka verpflichtete, glaubte man, diesem Traum näher gekommen zu sein. Zehn Millionen Euro Ablöse zahlte Fener an Manchester City für das große Stürmertalent, das einst als eines der größten Versprechen des Weltfußballs galt. »Wir haben mit seiner Verpflichtung ein neues Kapitel in unserer Geschichte und der des türkischen Fußballs aufgeschlagen«, glaubte damals der stolze Vereins-Präsident Aziz Yildirim, und Trainer Christoph Daum sah Anelka auf einer Stufe mit Ronaldo und Henry. Die ganze Türkei war stolz, diesen »Wunderstürmer«, so die einhellige Meinung in den Medien über den exzentrischen Franzosen, der noch nie einen Vertrag erfüllt hatte und auf seinen vorhergehenden Stationen bei Arsenal, Paris St. Germain, Liverpool, Real Madrid, Manchester City und der französischen Nationalmannschaft die Startrainer reihenweise um den Verstand gebracht hatte, nun im eigenen Land zu sehen. Auch in der Türkei wurde sein Hang zum Phlegma Anelka zum Verhängnis. Der in Versailles geborene Sohn von Einwanderern aus Martinique spielte mal Weltklasse, oft aber stand er teilnahmslos auf dem Platz, als sehne er sich zurück auf die Straßen von Trappes, jener Pariser Vorstadt, in der er mit seinen Kumpels und der Rap-Musik von 2Pack und MASE aufgewachsen war. Die Launenhaftigkeit des französischen Genies brachte den cholerischen Präsidenten Aziz Yildirim, der Anelka angeblich mit rund vier Millionen Euro pro Jahr entlohnte, schließlich ins Krankenhaus. Entnervt von den Wechselgerüchten ließ man den Franzosen im Winter 2006 enttäuscht wieder Richtung England ziehen.

Während Anelka in der Türkei niemand mehr nachweint, erfreut sich dort aber mittlerweile der bei Bayern München unter Vertrag stehende Franzose Franck Ribéry einer Beliebtheit, die er zu seiner Zeit in der Türkei von Dezember 2004 bis Juni 2005 nie erreichte. Als Fenerbahce den großen Anelka verpflichtete, holte Galatasaray das bis dahin nur Experten bekannte Talent Ribéry. Die Verpflichtung des Dribblers vom FC Metz brachte Galatasaray in den Medien nur Hohn ein. »Franck wer?«, fragten sie in großen Buchstaben, während sie seitenlang Fenerbahce für den Anelka-Transfer feierten. Als aber Ribéry während der WM 2006, die ja ohne die Türkei stattfand, zu einem internationalen Star aufstieg, berichteten auch die türkischen Medien stolz, dass Franck Ribéry ja in der Türkei gereift sei. Ein bisschen was »von uns«, so der Tenor, sei in Deutschland ja dabei. Dass Ribéry wegen ausstehender Gehaltszahlungen nach nur einem halben Jahr und einem fulminanten Auftritt beim legendären 5 : 1 von Galatasaray im Pokalfinale gegen Fenerbahce der Türkei wieder den Rücken kehrte, verschwiegen die Zeitungen jedoch.

Die Nominierung von Mehmet Marco Aurelio als erstem »Neu-Türken« in die Nationalmannschaft war sinnvoll. Auch für Aurelio selbst. Er hätte wohl nie die Chance erhalten, in der Selecao Brasiliens aufzulaufen und an großen Turnieren teilzunehmen. Aurelio war aber nicht der erste Fußballprofi, der eingebürgert wurde. Der Franzose Didier Six bekam 1987 vor seinem Wechsel zu Galatasaray Istanbul die türkische Staatsbürgerschaft. Der nannte sich von da an Dündar Six, blieb aber nur ein Jahr, weil er die hohen Erwartungen nicht erfüllen konnte. Der deutsche Torwart Detlef Müller kam 1988 zu Sariyerspor und spielte danach noch bei einigen anderen türkischen Klubs. 1992 erlangte er die türkische Staatsbürgerschaft und hieß fortan Metin Mert. Es folgten der Nigerianer Uche Okechukwu (Deniz Uygar) der Kameruner Alioum Boukar (Ali Uyanik), der Jugoslawe Misko Mirkovic (Mert Meric) und der Pole Roman Dobrowski (Kaan Dobra). Doch all diese Spieler, die durch die Annahme der türkischen Staatsbürgerschaft ihren Klubs halfen, weitere Ausländer zu verpflichten, waren nie ein Thema für die türkische Nationalmannschaft.

Mehmet Marco Aurelio aber, der stets freundlich lächelnde Mittelfeldspieler, hat sich längst die Anerkennung selbst skeptischer Geister verdient. Nicht erst seit dem Alpet-Werbespot wissen die Türken, dass er die türkische Nationalhymne singen kann. Viele Kommentatoren sehen im stets mit vollem Einsatz agierenden Aurelio den Hauptgrund, weshalb sich die Milli Takim doch noch für die Europameisterschaft 2008 qualifizieren konnte. Es war ein nasskalter Herbstabend im Ali Sami Yen Stadion von Galatasaray Istanbul, der für Aurelio in den Augen der Öffentlichkeit den Durchbruch als »echter Türke« brachte. Für alle türkischen Spieler wurden die letzten zehn Minuten dieser 0:1-Niederlage gegen Griechenland zu einem Spießrutenlauf, außer für Aurelio. Während seine Mitspieler bei jedem Ballkontakt gnadenlos von den 35 000 Zuschauern ausgepfiffen wurden, brandete bei jeder Ballberührung Mehmets enthusiastischer Jubel auf. Als die Türkei die Qualifikation für die EM-Endrunde doch noch geschafft hatte, waren sich alle Kommentatoren einig: Mehmet Aurelio hatte einen entscheidenden Anteil an diesem Erfolg. Der liberale *Milliyet*-Kolumnist Mehmet Demirkol nannte ihn einfach »Marco Turko«. Die reine sportliche Leistung hatte über die politischen Zweifel gesiegt. Der, den sie in der Türkei Mehmet Marco Aurelio nennen, hat sich seinen Traum von der Teilnahme an einem großen Fußballturnier verwirklicht und entscheidend mitgeholfen, sein Gastland vor einem Desaster zu bewahren.

Immer die Gleichen: Die Hegemonie der drei Istanbuler Großklubs

Es geht die engen Gassen Beyoglus hinunter nach Karaköy. Vorbei am Galataturm auf den Hügeln Peras, wie Beyoglu unter den Griechen noch hieß. Von dessen Spitze aus ist das ganze alte Istanbul zu sehen: Topkapi Palast, Hagia Sophia, Blaue Moschee, die Galatabrücke, das goldene Horn. Und weit drüben Asien, das auf der anderen Seite der Stadt beginnt. Weiter geht es, die große Unterführung hindurch, den alten Fischmarkt rechts liegen lassend und wieder hinaus an die Istanbuler Luft. Die Fähre nach Kadiköy wartet schon. Die Bootsfahrt auf dem Bosporus bietet einen Trost für die vielen Pendler, die täglich mit der Fähre aus Üsküdar oder Kadiköy auf die europäische Seite der Millionenmetropole kommen, um in den Banken, Versicherungen, Hotels, Schulen oder als Putzfrau in Beyoglu, Sisli oder Levent ihr Geld zu verdienen. Eine Viertelstunde Erholung von der Hektik der Metropole, die seit 1970 von einer Million Einwohner auf geschätzte 16 Millionen angewachsen ist. Stimmt die Zahl, wohnt jeder fünfte Türke in Istanbul. Die Überfahrt bietet Zeit genug für einen Cay, einen Tee, diesen wunderbaren Gleichmacher, den es überall und zu jeder Tages- und Nachtzeit in diesem Land zu trinken gibt.

Der Galataturm wird immer kleiner, die Silhouette Beyoglus wirkt wie aus einem Postkartenidyll. Am Eingang des Bosporus parken die vielen Tanker und Containerschiffe, die auf ihre Durchfahrtserlaubnis warten. Durch den Bosporus wollen sie ins Schwarze Meer. Vorbei an Hyderapassa, dem alten Bahnhof, der die Verbindung der Metropole mit Anatolien ist, und einst als Ausgangspunkt einer Trasse bis nach Bagdad gedacht war – geplant und gebaut von deutschen Ingenieuren. Die Fähre legt an. Der Weg zu Selahaddin Bey geht an der Küste entlang zu Fuß nach Moda weiter. In der Ferne fliegen die Möwen den Fähren nach, die hinaus auf die Prinzeninseln fahren. Fünf davon gibt es, auf allen ist das Autofahren verboten und auf der größten, auf Büyükada, wohnt Lefter. Einst nannten sie ihn den »Griechen«, weil er griechische Vorfahren hat. Lefter Kücükandonyadis ist eine Legende im türkischen Fußball. Er war 1954 dabei, als die Türkei zum ersten Mal bei einer Weltmeisterschaft spielte, bestritt 615 Spiele für Fenerbahce Istanbul und schoss dabei 423 Tore. Wegen seines genauen Schusses gaben sie ihm den Spitznamen Ordinarius. Als einer der ersten Türken spielte er im Ausland und war erfolgreich beim AC Florenz, OGC Nizza und AEK Athen. »Lefter war ein phantastischer Spieler und Sportsmann«, wird Gastgeber Selahaddin Bey später sagen. Lefter hatte nur einen türkischen Klub als Spieler, Fenerbahce. Lange ist das her. Die Gassen Modas noch hinunter, nicht weit, um die Ecke, thront das Sükrü Sarakoglu Stadion von Fenerbahce in der spätabendlichen Sonne. Selahaddin Bey wartet.

Die Paste aus tscherkessischem Huhn und Paprika schmeckt ausgezeichnet. Selahaddin Bey lehnt sich zufrieden zurück. Ein Mann in seinen Sechzigern, verheiratet, zwei Söhne und zwei Töchter, hat es als Vertreter einer großen türkischen Versandhauskette zu einigem Wohlstand gebracht. Die ersten beiden Fragen, die man von Türken gestellt bekommt – »Verheiratet? Wie viele Kinder?« –, sind beantwortet. Doch die entscheidende Frage wird erst gestellt, als seine Frau und die Töchter die Vorspeisenteller in die Küche tragen. »Für wen sind Sie?«

Wer glaubt, es gehe jetzt um Politik, hat von Istanbul

nichts verstanden. Wir sind in Kadiköy. Hier gibt es Gegenden, in denen die falsche Antwort auf die Frage nach seinem Lieblingsclub mit einer Tracht Prügel verbunden ist. Kadiköy ist Fenerbahce-Land. Zwei Dinge verteidigt der türkische Mann mit inbrünstiger Leidenschaft: seine Nation und seinen Fußballclub. Die Reihenfolge kann vorübergehend wechseln, wenn eines der Derbys zwischen den großen Istanbuler Vereinen Fenerbahce, Galatasaray und Besiktas ansteht, um die sich alles dreht im Fußball der Türkei. »Ein Mann ohne Verein ist kein Mann«, sagt Selahaddin Bey, ein glühender Fenerbahce-Anhänger. Mit dieser Meinung ist er keineswegs in der Minderheit. Zwar war Selahaddin Beys Vater auch ein »Fenerli«, wie sich die Fans der Gelb-Blauen nennen, aber das muss nichts heißen. Es gibt keine durchgehend verlässlichen religiösen, ethnischen, politischen oder soziologischen Begründungen, warum jemand Fan eines bestimmten Clubs ist. Aber hat man sich entschieden, bleibt es dabei.

Der Bosporus verbindet Europa und Asien, aber er trennt die Fußballklubs. Der 1903 gegründete Besiktas Jimnastik Kulübü, aus dem gleichnamigen Arbeiterstadtteil am europäischen Ufer der Meerenge, ist der älteste Verein. Zwei Jahre später gründeten Schüler am noblen Galatasaray Lycee, mitten im europäischen Herzen der Stadt, den Galatasaray Spor Kulübü. Der neureiche Emporkömmling aus Asien, Fenerbahce, wurde erst 1907 aus der Taufe gehoben. Die »Kanarienvögel« aber sind inzwischen der erfolgreichste Club des Landes und versammeln angeblich mehr als die Hälfte der 72 Millionen Türken hinter sich. »Wir sind der Club Atatürks«, sagt Selahaddin Bey stolz.

»Leider«, bemerken gemäßigte Anhänger der anderen Vereine seufzend. Fanatiker aber, die nicht wahrhaben wollen, dass der Staatsgründer und glühend verehrte Vater aller Türken ein »Fenerli« gewesen sein soll, entgegnen provozierend: »Quatsch, er hat nur ihre Toilette benutzt.« Cengiz' Bakkal, ein für Istanbul so typischer Tante-Emma-Laden, der für den täglichen Gebrauch alles bietet, verwandelt sich, je näher ein Spieltag rückt, in eine Kurve ohne Wellenbrecher. Cengiz ist Fan von Besiktas und hat ein Buch gelesen, das im Fanshop von Besiktas zu kaufen ist. Ein Werk so schwer und dick wie Tolstois Roman Krieg und Frieden, in dem der Autor, ein Historiker, darzulegen versucht, warum Atatürk ein Besiktas-Fan war. Auch auf der Homepage von Besiktas steht unter dem Kopf des Staatsgründers: »Ein großer Fan und Bewunderer von Besiktas«.

Im Museum von Fenerbahce, im Bauch des Sükrü Saracoglu Stadions, empfängt Atatürk die Besucher in Lebensgröße hinter einer Glasvitrine, gekleidet in Anzug und Zylinder. Zweimal war Atatürk zu Besuch in Kadiköy, noch bevor er Besiktas besuchte, weshalb sie bei Fenerbahce überzeugt sind, er sei ein Anhänger Fenerbahces gewesen. Galatasaray hält sich aus diesem Streit heraus, schaute der Vater aller Türken doch erst 1930 und dann noch einmal zwei Jahre später dort vorbei. Auch wenn niemand bei Galatasaray so weit geht zu behaupten, Atatürk sei ein Fan ihres Klubs gewesen, verehren sie den Mann aus Thessaloniki deswegen nicht weniger. Das besondere Verhältnis von Atatürk zu Fenerbahce wurde jedoch dadurch zementiert, dass Anhänger des Klubs während des »großen vaterländischen Freiheitskampfes« Waffen, die unter Holzbrettern auf dem Trainingsplatz versteckt waren, aus dem besetzten Istanbul an die Front nach Anatolien schmuggelten. Eine clevere Geschäftsidee war zudem, kurz nach dem Ende der Okkupation und der Ausrufung der Republik 1923 eine Tournee der Fußballmannschaft durch die ganze Türkei zu starten. Fenerbahce begann nicht an irgendeinem Ort, sondern in Samsun am Schwarzen Meer, von wo aus Atatürk

1919 den Aufstand gegen die Okkupationsmächte ausgerufen hatte. Vielleicht hielt sich auch deswegen lange der Ruf, Fenerbahce sei der Klub der Nationalisten und der armen Zuwanderer aus Anatolien. Doch diese Zuordnung stimmt genauso wenig wie die, dass Besiktas der Klub der Arbeiterklasse sei, weil er in der Nähe des Marktes im gleichnamigen Stadtteil gleich neben der Feuerwehr gegründet worden ist. Und Galatasaray ist längst mehr als ein Verein des elitären Bildungsbürgertums aus dem weltoffenen Beyoglu, auch wenn der Einfluss des bereits 1481 gegründeten Elitegymnasiums und dessen Absolventen nach wie vor enorm ist.

Allen drei Istanbuler Großklubs ist gemein, dass sie den Vorteil ihrer frühen Geburt dazu genutzt haben, die Fußballbegeisterten des Landes früh hinter sich zu vereinen. Die Kunde der schon erwähnten Siege der Fußballer der Klubs gegen die Soldaten der Besatzer legte für die Klubs die Basis einer landesweiten Akzeptanz. Kommen heutzutage die Spieler der »üc büyük« bei Auswärtsbegegnungen im Spielort an, werden sie von lokalen Fanklubs mit überbordendem Enthusiasmus empfangen. Ob in Rize, Ankara oder Samsun, an den Flughäfen und vor den Hotels herrscht schon bei der Ankunft der Helden aus Istanbul oft ein Trubel, als hätten diese gerade die Champions League gewonnen. Die kleinen Klubs, die notorisch von den Istanbuler Medien ignoriert werden, bleiben nur Staffage. Aber wenigstens ist das Stadion gut gefüllt, wenn die Istanbuler kommen. Manche Provinzklubs verkaufen nicht einmal Fanartikel, schließlich wollen die Jungen, die auf den Hinterhöfen in Sivas oder Manisa kicken, von ihren Vätern lieber ein Trikot mit dem Namenszug eines Fenerbahce-, Besiktas- oder Galatasaray-Stars geschenkt haben als das eines lokalen Kickers, der außerhalb der Stadtmauern nur Experten bekannt ist.

Die Übermacht der Istanbuler Klubs ist zementiert. Nur Trabzonspor gelang es in den 1970er und 1980er Jahren, sechsmal die Phalanx der Seriensieger aus der Kapitale zu durchbrechen. Das letzte Mal allerdings 1984.

»Ich erinnere mich gut«, sagt Selahaddin Bey, »die Verwirrung in Istanbul war groß, als Trabzon die Liga dominierte.« Doch Trabzon konnte die Dominanz Istanbuls im türkischen Fußball nicht auf Dauer brechen. Zu groß ist die Kraft der Geschichte und die Potenz der Klubs aus der kulturellen und wirtschaftlichen Hauptstadt des Landes. Die Istanbuler Großklubs besitzen riesige Grundstücke, Gebäude und Hotels, Galatasaray sogar eine Insel. Das Gesamtvermögen von Fenerbahce und Galatasaray beläuft sich jeweils auf geschätzte 700 Millionen Euro, Besiktas liegt deutlich darunter. »Galatasaray nimmt aus dem Verkauf von Fanartikeln in Europa rund 20 Millionen Dollar ein«, sagt Enver Narsin, Absolvent des Galatasaray-Gymnasiums und 1966 nach Deutschland gekommen. Narsin ist ein erfolgreicher Ingenieur und Geschäftsmann. Er wohnt in Erkelenz zwischen Mönchengladbach und Aachen und ist der Verbindungsmann zu Özhan Canaydin, ebenfalls Absolvent des Gymasiums, an dem der Galatasaray Spor Kulübü vor über 100 Jahren gegründet wurde. Canaydin, ein sagenhaft reicher Istanbuler Modeunternehmer, ist seit 2002 Vereinspräsident. »Ich habe sogar die Handy-Geheimnummer vom Baskan«, sagt Narsin stolz. Er ist Mitglied eines einflussreichen Ausschusses von Galatasaray-Mitgliedern aus der ganzen Welt, die sich alle zwei Monate in Istanbul treffen. Dabei wird immer viel Geld gesammelt, fürs Lycee und für den Klub. So werden dann auch mal 20 Millionen Dollar für ein Galatasaray-Haus lockergemacht, gegenüber vom Trainingszentrum im Nobelvorort Florya. In 76 Räumen können dort nicht ganz so reiche Absolventen des Gymnasiums umsonst leben.

»Künstler, die nicht so viel Geld haben, zum Beispiel. Wir sorgen füreinander. Geld spielt dabei keine Rolle«, sagt Narsin, der früher türkischer Volleyball-Nationalspieler war. Außer dem Netzwerker Narsin gibt es eine Gesellschaft in Düsseldorf, die sich um das Merchandising und das Marketing von Galatasaray in Europa kümmert, und außerdem einen Fanklubvorsitzenden mit Sitz in Köln, der die 400 000 Galatasaray-Fans in Europa betreut. Ähnliche Strukturen haben auch Fenerbahce und Besiktas in Europa und den USA. Fenerbahce will demnächst sogar Fenerbahce-Schulen bauen und eine Fenerbahce-Universität.

Auf die Frage, warum die Istanbuler Großklubs die Liga seit ihrer Gründung dominieren, hat der gut betuchte Narsin eine ebenso einfache wie einleuchtende Antwort. Er sagt: »Geld regiert die Welt.« Zudem halten die untereinander verfeindeten Großklubs wie Brüder zusammen, wenn es darum geht, die anatolischen Klubs klein zu halten. Deutlich wird das bei der Verteilung der Fernsehgelder, bei der die anatolischen Vereine vergeblich versucht haben, mehr Geld für sich herauszuschlagen. Durch die Meisterehren ist nur Trabzonspor in die Liga der Istanbuler aufgestiegen, was den Status bei Verhandlungen mit dem Verband angeht. War es vor Abschluss des letzten Vertrages noch so, dass die drei aus Istanbul und Trabzonspor die Hälfte der Summe bekamen (Trabzonspor davon etwas weniger als die anderen), so teilen sich die bis 2008 ausgeschütteten 150 Millionen Dollar wie folgt auf: Anteilsgleich gehen 35 Prozent vor der Saison an alle 18 Teams, der Rest aber geht mehr oder weniger durch die Hintertür wieder an die Großen. Für alle nationalen Titel gibt es am Ende noch einmal 14 Prozent der Gesamtsumme, 44 Prozent werden nach der Anzahl der Ligapunkte vergeben, und die restlichen sieben Prozent bekommen die ersten Sechs der Abschlusstabelle. Durch diesen Deal bekommen die Istanbuler nun noch mehr Geld als zuvor, denn am Ende der Saison teilen sie sich Titel und Spitzenränge.

Im Prinzip war das Verhältnis der drei Großklubs aus Istanbul in all den frühen Jahrzehnten des türkischen Fußballs von einer gesunden Rivalität geprägt. Horst Buhtz, der Pionier unter den vielen deutschen Trainern am Bosporus, erinnert sich: »Die Türken waren trainingsfaul. Aber wenn es gegen einen Stadtrivalen ging, haben die sich angestrengt wie sonst die ganze Saison nicht.« Buhtz trainierte in der Saison 1974/75 Besiktas und sagt über die Bedingungen: »Die Trainingsanlagen waren eine Katastrophe, wir hatten nur einen Aschenplatz, der direkt am Bosporus lag. Wenn die Jungs beim Schusstraining keine Lust mehr hatten, haben sie den Ball einfach über den Zaun gehauen, und weg war er. Ich habe dann irgendwann gesagt: So geht das nicht. Wir haben uns dann immer gute Hotels ausgesucht und dort auf dem Rasen trainiert.« Nach einem Jahr verließ er die Türkei wieder. »Es war aber eine super Zeit«, sagt Buhtz, der heute 84 Jahre alt ist und in Meinerzhagen im Sauerland wohnt. »Wenn ich dort aus dem Fenster schaue, sehe ich einen türkischen Kiosk. In Istanbul hatte ich eine Wohnung mit Blick auf den Bosporus«, sagt Buhtz, der damals 10 000 Mark im Monat verdiente.

»Ja, ja – das waren noch Zeiten«, sagt Selahaddin, während gebratene Hamsi – kleine, sardellenartige Fische – zum Hauptgang aufgetischt werden. »Früher sind Abertausende zu den Derbys gekommen, ohne eine Karte zu haben, und die Stadien waren 50:50 besetzt.« Er erinnert sich noch an die Schlangen, die sich damals schon in der Nacht vor den Spielen an den Kassenhäuschen bildeten. Das ist längst vorbei. Mitte der 1970er Jahre kam es in Mode, die wartenden Fans der gegnerischen Mannschaft anzugreifen und zu verprügeln. Durch die zunehmende

Aggression unter den Fangruppen reduzierte man die Kartenzahl für die gegnerischen Fans deutlich. Seit Anfang der 1990er Jahre sind nur noch fünf Prozent für die Gästefans vorgesehen.

Es gibt keine größere Schmach, als ein Derby zu verlieren. Die türkischen Fußballfans neigen zu Extremen und identifizieren sich nur mit dem Sieger. Verliert die eigene Mannschaft, richtet sich der Zorn reflexartig gegen die Spieler und Trainer. »Früher war es üblich, dass diese dann verprügelt wurden«, erzählt ein Redakteur der Sportzeitung *Fanatik,* und man weiß nicht, ob sein Lächeln nicht ein Ausdruck des Bedauerns ist, dass den Versagern heute nur noch Wasserflaschen an den Kopf geworfen werden. Zu Zeiten von Horst Buhtz spielten fast ausschließlich Türken aus Istanbul bei den großen Klubs, die Rivalität war auf dem Platz viel größer als heute. Ein Wechsel zum Rivalen galt als Hochverrat. Noch heute ist das eine schwierige Sache, aber Wechsel zwischen den großen Istanbuler Klubs sind längst keine Ausnahme mehr, und die Spieler verbringen ihre Freizeit in denselben Discos in Ortaköy, in denen auch die Stars und Sternchen aus der Fernseh- und Filmszene ausgehen.

Die Entwicklung hin zu einer von Neid und Missgunst gezeichneten Stimmung, die heutzutage unter den großen Drei herrscht, verschärfte sich, als Anfang der 1990er Jahre der Fußball zu einem Teil der populären Kultur wurde. Heute sind die Istanbuler Großklubs vor allem Wirtschaftsunternehmen, die mit dem Kauf ausländischer Startrainer und Starspieler den Erfolg in Europa suchen. Der Einzige allerdings, der es verstanden hat, seinen Verein fit für das neue Jahrtausend zu machen, ist Aziz Yildirim von Fenerbahce. Angetreten war der Spross einer einflussreichen Bauunternehmer-Familie 1998 mit dem Ziel, Fenerbahce auf eine Stufe mit den ganz Großen des Weltfußballs wie

Manchester United oder Real Madrid zu hieven. Die Yildirims sind zu Reichtum gekommen, als die Türkei 1952 der Nato beitrat und die Familie beim Bau neuer Militärkomplexe mitmischte. Yildirims für 2007 zum 100-jährigen Vereinsjubiläum angekündigtes Ziel, den Jahresumsatz auf 100 Millionen Dollar zu steigern, wurde bereits 2005 erreicht. Die Merchandisingabteilung Fenerium macht einen Jahresumsatz von 30 Millionen Euro. Fenerbahce versammelt mittlerweile die halbe Türkei hinter sich. Auch wenn Yildirim viel Geld aus der eigenen Tasche bezahlt hat und wohl immer noch bezahlt, ist Fenerbahce der einzige Verein der Türkei, der auch ohne Zuwendungen des Potentaten leben könnte. Das Stadion wurde zum modernsten des Landes ausgebaut. Es fasst nun über 50000 Zuschauer, die Vermarktungsmöglichkeiten sind gigantisch, und allein durch den Verkauf der 1500 Sitzplätze mit je eigenem Fernsehen in den VIP-Logen refinanziert der Klub in zehn Jahren die Umbaukosten. Während Galatasaray und Besiktas in ihren kleinen, alten Stadien an ihre Vermarktungsgrenzen gestoßen sind, enteilte Fenerbahce der Konkurrenz wirtschaftlich. »Das Potenzial Fenerbahces ist gigantisch«, schwärmte Christoph Daum zu seiner Zeit im Klub. Er schenkte Fenerbahce zwei Meisterschaften, aber in der Champions League und im UEFA-Cup blieb er erfolglos. Den Erfolg in Europa soll nun Daums Nachfolger, der brasilianische Startrainer Zico, bringen. Als Galatasaray den UEFA-Cup gewann, spotteten die Fans des Klubs über die heimische Liga als »Mamis Liga«, denn richtige Kerle spielen in Europa. Aziz Yildirim sagt auch: »Die türkische Liga ist nicht länger unser Ziel.« Für die Erfolge in Europa tut er alles. Mittlerweile spielen acht Brasilianer bei Fenerbahce, darunter der ehemalige Weltstar Roberto Carlos. Den Weltmeister aus Brasilien empfingen mehrere tausend Menschen am Flughafen. Zwölf Bodyguards mussten den kahlköpfigen Kunstschützen vor dem Trubel schützen. Die Verpflichtung von Carlos war für Fenerbahce der Quantensprung, um den Klub zu einer Marke im Weltfußball zu machen. Geht es nach Yildirim, soll die Ausländerbeschränkung so schnell wie möglich fallen. Sein Ziel ist es, »die Republik von Fenerbahce«, wie sich der Klub selbst nennt, zu einer der Top-Adressen der Fußballwelt zu machen – nicht nur für die Ü30-Spieler dieser Welt. Das weckt aber auch Missgunst und Neid. Fenerbahce hat nicht nur die meisten Fans, sondern ist auch der bestgehasste Klub des Landes. Die Penetranz, mit der Fenerbahce seine Ziele vorantreibt, nervt manchmal selbst gemäßigte Fenerli. Die Feierlichkeiten zum hundertjährigen Vereinsjubiläum zogen sich über das ganze Jahr. Die Bagdad Caddesi, die Hauptstraße Kadiköys, war fast ständig in den Vereinsfarben blau und gelb gehüllt und Ort immer neuer Zeremonien wie dem internationalen Fenerbahce-Tag mit Künstlern aus aller Welt. Im Sükrü Sarkoglu Stadion gab es eine Parade der Stars, die mit dem Entrollen einer riesigen türkischen Flagge begann. Ein Atatürk-Marathon wurde organisiert, der am 89. Jahrestag des Besuches des Staatsgründers bei Fenerbahce mit einer Visite Yildirims in Anitkabir, dem Mausoleum Mustafa Kemals in Ankara, endete. Sogar Staatspräsidenten wie der Syrer Baschar-al Assad besuchten Fenerbahce und bekamen ein Trikot mit ihrem Namen überreicht. Die Fanklubs überboten sich mit Geschenken. Einer in Izmir pflanzte einen Fenerbahce-Wald. Die beiden Bergsteiger Tunc Findik und Mustafa Kalayci waren die Hauptdarsteller des Projektes »Fenerbahce auf den Gipfeln der Welt«. Innerhalb von anderthalb Jahren bestiegen sie mit einer Fahne des Klubs im Gepäck den Aconcagua, den Mont Blanc, den Kilimandscharo und am Ende den höchsten Berg der Erde, den Mount Everest.

Als Galatasaray 2005 sein hundertjähriges Jubiläum feierte, ging das bescheidener ab. Auch wenn zu der großen Feier im Mai über 1000 geladene Gäste in den Dolmabahce-Palast geladen waren. Auch Ministerpräsident Recep Tayyip Erdogan gab sich die Ehre, ein bekennender Fenerli. Und wie es sich für den an einem französischen Elitegymnasium ins Leben gerufenen Verein gehört, das den Großonkel des französischen Staatspräsidenen Nicolas Sarkozy ausgebildet hat, unterhielt die französische Chanteuse Mireille Mathieu die Festbesucher. Ein großer Abend für den UEFA-Cup-Gewinner von 2000. Fünf Jahre war der Triumph von Kopenhagen damals erst her, aber der Ruf des großen Galatasarays war völlig ruiniert. Der beispiellose finanzielle Niedergang führte Cimbom mehrmals bis kurz vor die Zahlungsunfähigkeit. Hasan Sas, einer der Heroen der türkischen Nationalmannschaft bei der WM 2002, klagte in einem Interview darüber, acht Monate kein Gehalt mehr bekommen zu haben. Als Vize-Präsident Adnan Polat in der Öffentlichkeit zum Spenden aufrief, ließ der Spott der Konkurrenz nicht lange auf sich warten. »Galatasaray ist unter die Bettler gegangen«, höhnte Fenerbahces Vize-Präsident Nihat Özdemir. Immerhin kamen bei der Aktion rund vier Millionen Euro zusammen. Noch immer konnte sich der Klub auf die Zuwendungen der westlich orientierten Istanbuler Oberschicht verlassen. Unter die Gönner reihte sich mit einer beträchtlichen Summe auch der türkische Nationalspieler Emre Belezoglu ein, der damals bei Inter Mailand unter Vertrag stand. Es waren harte Zeiten für die Galatasaray-Fans. Mehmet Ali Birand, einer der bekanntesten TV- und Print-Journalisten des Landes und Autor einer Galatasaray-Dokumentation zum Jubiläum, rief die Spötter in einer seiner Kolumnen zur Mäßigung auf. Schließlich sei Galatasaray ein Kulturgut der Türkei. Der Schuldenstand belief sich am Ende der Saison 2006/2007 dennoch auf 170 Millionen Dollar.

Dabei begann der Sündenfall, wie so oft, auf dem Höhepunkt der Vereinsgeschichte. Der Stolz der Funktionäre über die Erfolge im UEFA-Cup war so groß, dass sie die Spieler mit Geldsummen zuschütteten, die selbst mit dem Abstand von sieben Jahren noch anmuten, als seien sie erfunden. Für das Erreichen des Endspiels in Kopenhagen gegen den FC Arsenal aus London zahlte der Klub unter der Führung von Faruk Süren ab der dritten Runde jeweils zwischen 200 000 und 300 000 Dollar. Pro Spieler wohlgemerkt. Nach den Erfolgen gegen Bologna, Borussia Dortmund, Real Mallorca und Leeds United war das Bankkonto des Klubs schon vor dem Finale so leer, dass der Verein nicht in der Lage war, die Siegprämie für den finalen Triumph zu bezahlen.

Auch die nachfolgenden Vereinsführungen erwiesen sich als Dilettanten im Umgang mit Geld und bewiesen wenig Sinn für wirtschaftliche Strategie. Eine Entscheidung, die bei den Fans für großen Unmut sorgte, war der Umzug vom kleinen Ali Sami Yen Stadion ins riesige Atatürk Olympia Stadion. Nun hat die Türkei zwar noch nie eine Olympiade ausgerichtet, aber dafür wenigstens schon einmal ein Olympiastadion gebaut. Und zwar noch bevor über die Olympiabewerbung entschieden war. Die Türkei bewirbt sich seit 2000 jedes Mal. Das 80 000 Zuschauer fassende Stadion weit im Westen der Stadt kostete 100 Millionen Euro. »Das Olympiastadion liegt ja eher in Edirne als in Istanbul«, witzeln die Istanbuler. Galatasaray-Fans können darüber aber schon lange nicht mehr lachen. Die Anfahrt dauert eine knappe Stunde aus dem Stadtzentrum, und bei Abendspielen gibt es keine Taxis, die um das Stadion kreisen wie im Ali Sami Yen, um einen nach Hause zu fahren, wenn man einmal die paar Busse verpasst hat. Der Zuschauerrückgang von Galatasaray war dramatisch, sodass man kleinlaut ins alte Ali Sami Yen zurückkehrte. Jetzt ist man froh, wenn das Olympiastadion beim Champions-League-Finale, 2005 geschehen, von ausländischen Fans gefüllt wird. Sonst treffen sich dort nur Fußballriesen wie Saudi-Arabien und Ungarn zum Freundschaftsspiel, wo außer ein paar Spielervermittlern niemand vorbeischaut. Zu Beginn der Saison 20007/2008 trug Aufsteiger Kasimpasa aus dem gleichnamigen Istanbuler Stadtteil seine Heimspiele dort aus. Außer den Offiziellen und ein paar Unentwegten wollte sich an Sonntagabenden aber niemand die weiten Reisen in den unwirtlichen Westen der Metropole zumuten. Die 80 000 Plätze blieben leer.

Dabei war Galatasarays Versuch, dem Ali Sami Yen zu entfliehen, durchaus nachzuvollziehen. Nur knapp 30 000 Zuschauer passen dort rein, und der Zustand der alten Tribünen ist selbst nach der teuren Renovierung zu Beginn der Saison 2006/2007 gelinde ausgedrückt ausbaufähig. Doch die »Cehennem«, die Hölle, das das Stadion für die Gegner immer war und für die verschwendungssüchtige Vereinsführung geworden ist, soll ab der Saison 2009/10 endgültig Legende sein. Das alte Stadion soll abgerissen werden und an seiner Stelle ein Einkaufszentrum entstehen. Die neue Arena mit dem Namen »Aslantepe« (Löwenhügel) in Seyrantepe soll 52 000 Zuschauern Platz bieten und ein bewegliches Dach haben. Finanzierbar wird die Geschichte durch einen 49 Jahre währenden Pachtvertrag mit einer städtischen Gesellschaft, das jedenfalls hofft Galatasaray-Präsident Özhan Canaydin. Angesichts der wirtschaftlichen Probleme war es bemerkenswert, dass Galatasaray 2006 die Meisterschaft gewann. Im Januar desselben Jahres waren, die Spieler es endgültig leid, weiter auf ihr Gehalt zu warten und verweigerten drei Tage lang das Training, bevor der Verein Abschlagszahlungen leistete. Der Streik ging von den ausländischen Spielern aus. »Diese Meisterschaft ist eine sensationelle Leistung«, meinte der belgische Meistertrainer Erik Gerets angesichts dieser Umstände.

Um an frisches Geld zu kommen, hatte sich die Klubführung mit dem Investmentfonds AIG Blue Voyage Fund eingelassen. Der Fonds bereitete den Aktiengang des Klubs vor und kaufte 2002 für 20 Millionen Dollar 21 Prozent der Galatasaray A. S. Es dauerte nicht lange, bis es Ärger gab, denn AIG verteilte schon im Jahr 2003 3,5 Millionen Dollar Dividende an seine Anteilseigner. Daraufhin ließ Galatasaray keinen Vertreter von AIG mehr an den Vorstandssitzungen teilnehmen. Man traf sich vor Gericht. Nur zwei Jahre nach dem Börsengang wurde Galatasaray dazu verurteilt, wegen Vertragsbruch 9 Millionen Dollar Schadensersatz an AIG zu zahlen. Die 21 Prozent der Anteile des Fonds am Klub musste Galatasaray für 23,5 Million Dollar zurückkaufen. Statt frisches Geld zu generieren, waren die Schulden – nimmt man den einbrechenden Aktienkurs hinzu – innerhalb von zwei Jahren um 50 Millionen Dollar gestiegen. Börsengänge von Fußballvereinen sind in den seltensten Fällen erfolgreich, aber ein größeres Desaster hat wohl noch kein Klub erlebt.

Neben diesem fatalen Finanzgebaren entwickelte sich Galatasaray zu einem selbst für türkische Verhältnisse fast unübertroffenen Intrigantenstadel und verpflichtete zudem weiter fleißig meist zweitklassige Ausländer. Seit dem UEFA-Cup-Gewinn holte der Klub 35 Spieler aus dem Ausland, obwohl zu Beginn des Jahrtausends nur drei zugelassen waren. Dabei war dem klammen Klub kein Geldgeber verpönt genug. So bezahlte Cem Uzan aus dem berüchtigten Uzan-Clan insgesamt 20 Millionen Dollar für den brasilianischen Mittelstürmer Mario Jardel vom FC Porto. Uzan stammt aus einer einst einflussreichen Familie aus Adana, die Banken, Kraft- und Zementwerke, Medien, ein großes Mobilfunkunternehmen und die zwei Profi-Fußballklubs

Istanbulspor und Adanaspor besaß. Cem Uzans Vater Kemal und seine Brüder Yavuz und Hakan sind auf der Flucht und werden von Interpol gesucht, da sie türkische und ausländische Bürger mit nicht vorhandenen Investmentfonds betrogen haben sollen. Cem Uzan gründete auch eine rechte Partei, die 2007 drei Prozent der Wählerstimmen bei den Parlamentswahlen gewann. Einfluss zu haben oder gar auf dem Präsidententhron bei einem der »üc büyük« zu sitzen, ist der Traum vieler neureicher Türken. Es vergeht schließlich kein Tag, in dem die türkischen Zeitungen nicht über die Geschehnisse im Verein berichten.

»Geduld ist hier ein Fremdwort«, stellte Christoph Daum fest, der immerhin insgesamt fünfeinhalb Jahre Trainer bei Fenerbahce und Besiktas sein durfte. So ungeduldig wie Ilhan Cavcav, der Präsident von Genclerbirligi aus Ankara in der Saison 2007/08, sind dann aber doch nur die wenigsten. Am 14. Spieltag hatte er schon den vierten Trainer verpflichtet. Auf nicht einmal vier Spiele im Schnitt kamen die Übungsleiter. Andere Klubs wie Ankaragücü, ebenfalls aus der Hauptstadt, oder Kasimpasa aus Istanbul wechselten in dieser Zeit vergleichsweise bescheidene dreimal den Coach. Trabzonspor gar nur zweimal. Insgesamt hatte die Hälfte der Erstligaklubs zu diesem Zeitpunkt schon den Trainer gewechselt. Dagegen sind die Zustände bei den »üc büyük« mittlerweile ja geradezu paradiesisch.

Yildirim Demirören, seit 2003 Präsident von Besiktas, setzt seit 2007 auf den ehemaligen Besiktas-Profi Ertrugul Saglam, der Kayserispor in den UEFA-Cup führte. Saglam soll Besiktas zur Meisterschaft führen. Das letzte Mal gelang das 2003. Demirören hat den Besiktas-Fans noch keine Meisterschaft präsentieren können. Bei seinem verzweifelten Versuch, sich die Gunst der Fans zu erkaufen, sind dem steinreichen Gas- und Ölmagnaten keine Ausgaben zu viel. Wie viel Geld der von Fußball völlig ahnungslose

Demirören schon in den Klub gepulvert hat, weiß er wohl selbst nicht. Eine Ahnung bekommt man angesichts des Urteils des Internationalen Sportgerichtshofs in Lausanne, das Besiktas Ende 2007 zu einer Zahlung von 6,7 Millionen Euro verdonnerte. Diese erstaunliche Summe klagte der Spanier Vincente del Bosque ein, der 2005 einen Zweijahresvertrag abgeschlossen und seinen gesamten Trainerstab aus den erfolgreichen Zeiten bei Real Madrid mit nach Istanbul gebracht hatte. Nach sieben Monaten aber war die Geduld Demirörens am Ende. Ihm folgte der nicht weniger teure Franzose Jean Tigana, und Stars wie Juanfran, John Carew oder Ailton blieben ebenfalls teure Episoden in der Ära Demirören. Besiktas ist in dieser Zeit von den ewigen Rivalen aus Istanbul abgehängt worden, die im neuen Jahrtausend Erfolge in Europa feiern oder wirkliche Stars verpflichteten. Auch Demirören will nun ein neues Stadion bauen, um konkurrenzfähig zu bleiben, und das Inönü in eine sichere, 45 000 Zuschauer fassende Arena ausbauen und hofft auf die Zukunft. Die zwei Pokalsiege und ein Erfolg im Supercup, die ihm der Franzose Jean Tigana schenkte, verblassen im Vergleich zur Konkurrenz. Immerhin bleibt die Erinnerung an einen legendären Derby-Sieg bei Fenerbahce, als Besiktas im Mai 2005 mit neun Mann und Stürmer Pancu im Tor in der 90. Minute noch 4:3 gewann. Anschließend applaudierten selbst die Fans des Gegners anerkennend Siegern und Verlierern. An eine solche Szene in einem türkischen Fußballstadion konnte sich kaum jemand erinnern. Doch die Derbys mit Besiktas gelten sowieso nur als die kleinen, groß sind die zwischen Fenerbahce und Galatasaray. »Und da gibt es viel mehr zu erzählen«, sagt Selahaddin Bey, der Fener-Fan. Heute schmunzelt er über manche Anekdote, die für seinen Klub schmerzhaft war, über manche ärgert er sich aber noch Jahre später. Über das 1:5 im Pokalfinale 2005 zum Beispiel, denn ein solches Debakel in einem Endspiel hat es nie vorher gegeben. Ein Pokalfinale war es auch, das Graeme Souness Kultstatus bei den Galatasaray-Fans einbrachte. Der schottische Haudegen rannte als Trainer von Galatasaray nach dem Sieg im Stadion des Gegners auf den Platz und rammte eine riesige Galatasaray-Fahne in den Anstoßkreis. »In Kadiköy kann der sich nicht mehr sehen lassen«, sagt Selahaddin Bey ernst. Der höchste Sieg gegen Galatasaray gelang Fener mit einem 6:0 am 6. 11. 2002 unter Werner Lorant. Den höchsten Derby-Sieg aller Zeiten aber kann Galatasaray für sich verbuchen, ein 7:0. Das war 1911. »1911?«, fragt Selahaddin Bey, »kann sich daran noch jemand erinnern?«

Er trinkt türkischen Kaffee zum Dessert. Es ist spät geworden, um 23.00 Uhr gehen die letzten Fähren nach Karaköy. Selahaddin Bey begleitet die Gäste hinaus, ein Taxi wird bestellt und fährt zum Anleger. Es ist sternenklarer Himmel, als das Schiff ablegt, der letzte Tee des Tages wartet. Das Lichtermeer aus Europa funkelt den Ankommenden entgegen. Topkapi, die Blaue Moschee, die Hagia Sophia, die Galatabrücke und der Galataturm leuchten in der Nacht. Es gibt keinen schöneren Weg, sich dieser Stadt zu nähern, als auf dem Wasser, das Europa und Asien verbindet und die Fußballklubs trennt.

Trabzonspor und die anderen: Fußball in Anatolien

»Schau dir das Lilarot ihrer Augen an: Das macht uns stark«, sagt Ismet, der Fischer. Seit über 30 Jahren fährt er ins Marmarameer hinaus und bringt jeden Tag Dutzende Hamsi an Land, die in den Restaurants Istanbuls am Abend verspeist werden. Ismet stammt aus Trabzon, und die Hamsi aus dem Schwarzen Meer schmecken viel besser, versichert der drahtige Mann mit den kantigen Gesichtszügen. Die Menschen in Trabzon sind verrückt nach Hamsi. So verrückt, dass sie die Vereinsfarben ihres Fußballklubs nach der Augenfarbe der kleinen Fische gewählt haben. So erzählt es jedenfalls Ismet, und die Legende bestätigen auch andere, die vor langer Zeit von Trabzon aus in der Hoffnung auf ein besseres Leben nach Istanbul gekommen sind. Die schöne Geschichte passt zu den Bordo-Mavillier, den Weinrot-Blauen von Trabzonspor, die 1976 Geschichte schrieben, als sie als erstes Team aus Anatolien eine türkische Fußball-Meisterschaft feierten. Bis 1984 kamen noch fünf dazu, und für einen kurzen Moment war die Vormachtstellung der Abonnementmeister aus Istanbul gebrochen.

»Die Meisterschaft Trabzons war der Beweis, dass auch mit kleinen finanziellen Mitteln ein Erfolg gegen die großen drei aus Istanbul möglich ist«, erinnert sich die Sportreporter-Legende Attila Gökce von der Zeitung *Milliyet*. In der ganzen Türkei waren die Bilder zu sehen, als die Mannschaft nach dem Triumph über die Bosporusbrücke Richtung Schwarzes Meer und Richtung Trabzon in die Heimat zurückfuhr. Damals, nach der gewonnenen Meisterschaft, hat die Reise bestimmt Spaß gemacht. 22 Stunden ist man im Bus von Istanbul nach Trabzon unterwegs und glaubt man Horst Buhtz, dem ersten deutschen Trainer in der Türkei bei Besiktas, läuft man nach so einer Fahrt »wie auf Eiern«. Damals wurden die Meisterspieler und ihr Trainer Ahmet Suat Özyazici in jedem Dorf gefeiert, schließlich hatten sie stellvertretend für alle Bewohner Anatoliens den Großen aus Istanbul ein Schnippchen geschlagen. »Es war überall Freude zu spüren über den Erfolg der Mannschaft aus Trabzon, selbst in den Istanbuler Medien«, erinnert sich Attila Gökce. Einige Kommentatoren glaubten aber dennoch, die »Meisterschaft der Provinzler« sei ein »Zufall« gewesen. Doch die Istanbuler Klubs hatten bis 1984 keine Antwort auf die Übermacht aus Trabzon, es folgten Meisterschaften 1977, 1979, 1980, 1981 und 1984. Trabzonspor war fast für eine Dekade das Nonplusultra im türkischen Fußball.

Die alte Rivalität zwischen der Provinz und der Metropole ist seit Gründung der Süperlig im Jahr 1959 ein bestimmender Aspekt im türkischen Fußball. Dabei geht es für die Klubs aus Anatolien um weit mehr als nur um Fußball. Seit Einführung der nationalen Liga stehen die Entwicklungs-Absichten von Vereinen aus mittelgroßen anatolischen Städten wie Bursaspor, Eskisehirspor, Kayserispor, Gaziantepspor oder Trabzonspor auch als Symbol der Auflehnung Anatoliens gegen die ökonomische und kulturelle Hegemonie Istanbuls. In diesen Städten bildeten sich rasch nach der Republikgründung 1923 Fußballvereine, die eine eigene anatolische Identität betonen wollten, um sich von den schon 20 Jahre vorher gegründeten drei großen Klubs aus der Metropole abzugrenzen. Für die Bewohner Istanbuls beginnt Anatolien an der Stadtgrenze ihrer Kapitale. »Aber nicht nur die frühe Gründung ist für die Popularität der ›üc büyük‹ verantwortlich«, sagt Eray Özer, Sportjournalist beim Intellektuellenblatt *Radikal*. Der 30-Jährige schrieb seine Dissertation in Soziologie über die Hegemonie der kulturellen Kapitale Istanbul am Beispiel des Fußballs. »In Anatolien entwickelte sich nach der Republikgründung im Jahr 1923 schnell eine Anti-Istanbul-Haltung. Aus anatolischer Sicht stand die Stadt am Bosporus für das untergegangene Osmanische Reich und alles Schlechte, was man damit in Verbindung bringen konnte: leichtes Leben, schnelles Geld, Verwestlichung der Sitten. Letztlich stand Istanbul für ein korruptes Leben«, erklärt Özer. Aus dieser Sichtweise heraus versuchten die anatolischen Klubs, den großen drei Paroli zu bieten. Aber Istanbul war damals bereits eine gewachsene Metropole und eine Handelsstadt mit großer Vergangenheit. Auch wenn Ankara mit dem Untergang des Osmanischen Reiches zur Hauptstadt erklärt wurde, blieb Istanbul die pulsierende Kapitale des Landes. »In Istanbul sitzt das Geld, und es zementierte schon zu Zeiten der regionalen Ligen die Vormacht der ›üc büyük‹. Nach der Gründung der Süperlig und mit der sportlichen Dominanz zogen die Istanbuler Klubs die Fans aus dem unterentwickelten Anatolien noch mehr hinter sich. Das ist der wichtigste Punkt: die ›üc büyük‹ garantieren Erfolg«, so Özer. Istanbul wurde immer mehr wieder zur Verheißung für die arme und perspektivlose Landbevölkerung aus dem Osten. 1970 lebten rund eine Million Menschen in Istanbul, heute sind es geschätzte 16 Millionen, und jedes Jahr kommt angeblich eine viertel Million hinzu.

Auch im Fußball zeigte sich die Vernachlässigung Anatoliens. Wer Fan eines anatolischen Teams ist, findet kaum Nachrichten über seinen Verein in den dominierenden nationalen Medien. Auch sprechen all die berühmten Kommentatoren im Fernsehen nie über anatolische Teams, weil diese nur live zu sehen sind, wenn sie gegen die Großklubs antreten. Özer glaubt: »Die Meisterschaft eines anatolischen Klubs würde den türkischen Fußball demokratisieren.« Den ersten Vorstoß tat Trabzonspor vor über 30 Jahren. Aber warum gerade Trabzonspor?

Trabzon liegt eingequetscht zwischen Schwarzem Meer und Gebirge, seine Straßen schlängeln sich die Hänge hinauf. 275 000 Menschen leben hier offiziell. »Schattenbürger« werden die Einwohner Trabzons auch genannt wegen der geographischen Lage ihrer Stadt. Und sie haben einen ganz besonderen Ruf im Land. »Hircin« seien die Menschen in Trabzon. Aufbrausend und temperamentvoll also. Mit Leuten aus Trabzon legt man sich besser nicht an, sagen Türken aus anderen Landesteilen: Die handeln, bevor sie denken.

Der Ruf, leicht aufbrausende Streithansel zu sein, bestätigte sich bei der Gründung von Trabzonspor im Jahr 1967. Ein Gericht setzte die beiden verfeindeten städtischen Klubs Idmangücü und Idmanocagi nach jahrelangen Reibereien und vielen gescheiterten Versuchen einer Fusion unter Druck: Entweder ihr schließt euch zusammen, oder wir lösen euch auf. »Dabei war das so, als zwänge man Fenerbahce und Galatasaray zu einer Fusion«, sagt der Journalist Fikret Dogan, der lange für die Zeitung *Cumhuriyet* schrieb. Doch der Erfolg ließ nicht lange auf sich warten. Bis zur Saison 1975/76 spielte Trabzonspor in der zweiten Liga, dann gelang der Aufstieg. Und schon ein Jahr später wurde unter dem legendären Trainer Ahmet Mert Özyazici die erste Meisterschaft gefeiert. »Günes, Turgay, Necati, Kadir, Cemil, Ali Yavuz, Bekir, Hüsseyin, Ahmet, Ali Kemal, Necmi.« Ismet zählt noch heute die Spieler der ersten Meistermannschaft mit glühenden Augen auf. »Damals«, erzählt er stolz, »gab es zum ersten Mal Spieler aus Trabzonspor unter den Drehverschlüssen der Cola-Flaschen zu sehen, die ich meinem Sohn kaufte.« Ein bisschen kaufte er sie natürlich auch für sich selbst.

Alle Spieler kamen aus Trabzon oder der nahen Umgebung. Die Identifikation mit dem Klub war und ist immens, das Stadion ist auch heute noch mit im Schnitt 20000 Menschen besetzt. »Trabzonspor war der Gegenpol zur Istanbuler Oligarchie«, sagt der Soziologe Tanil Bora. Trabzonspor wurde ein Nationalteam der Region, das viel beitrug zur Ausbildung der Identität der Schwarzmeerregion. Das galt auch für die Diaspora in Istanbul, die in der besten Zeit große Transparente in den Istanbuler Stadien aufhängte: »Die Lazen sind die Größten.« Ismet, der Fischer, erinnert sich: »Als die Mannschaft damals zu den Spielen in Istanbul ankam, wurde sie von 20000, 30000 Menschen aus Trabzon und Umgebung empfangen, die in Istanbul lebten.« Tausende umlagerten das Hotel, in dem die Mannschaft abstieg, und im Stadion herrschte fast ein paritätisches Verhältnis der Anhänger. Zwei Komponenten machten die Mannschaft um Torhüter und Kapitän Senol Günes, der später Nationaltrainer wurde, zu einem fast unschlagbaren Kollektiv. Das Rüstzeug für ihre spätere physische Überlegenheit holten sie sich als jugendliche Straßenfußballer beim Kicken an den Hängen der Stadt. »Die Istanbuler Mannschaften waren damals Schönspieler, sie hatten dem auf Kontertaktik, Zweikampfstärke und Ausdauer aufgebauten Spiel von Trabzonspor nichts entgegenzusetzen«, meint der Journalist Attila Gökce, der die Spiele damals verfolgt hat. Trabzonspor trat als eine Mannschaft auf, die ihre Gegner in Abnutzungsschlachten zermürben konnte und blitzschnell und erfolgreich zu kontern verstand. Der Underdog aus einer wirtschaftlich perspektivlosen Stadt mit riesiger Arbeitslosenquote bewies, dass es auch hier möglich ist, erfolgreich zu sein. Dennoch schafften sie es nicht, eine dauerhafte nationale Ikone für alle Türken außerhalb Istanbuls zu werden. »Trabzonspor wurde sein provinzielles Image nie los«, sagt Tanil Bora, der Soziologe und Fußballkenner: »Trabzon war und ist immer provinziell im Ansehen der Türken.« Das hat viele Gründe und ist mit der Geschichte der Stadt zu erklären.

Trabzon hieß einst Trapezunt und war der letzte Flecken des Kaiserreichs von Byzanz. Erst acht Jahre nach der Eroberung durch die Osmanen fiel 1461 auch das widerspenstige Trapezunt in die Hände des Sultans. Und mit dem griechisch-türkischen Bevölkerungsaustausch von 1924 gingen die letzten pontischen Griechen, die seit Jahrhunderten hier siedelten und den Wohlstand der Stadt gesichert hatten. Historiker gehen davon aus, dass in Trabzon der Großteil der Bevölkerung von Griechen abstammt, die unter den Osmanen zum Islam konvertierten. Erklärt sich dadurch der überbordende Nationalismus, der sich hier öfter als anderswo Bahn bricht?

In Trabzon herrscht seit der Republikgründung 1923 wirtschaftliche Perspektivlosigkeit. Über 50 Prozent der jungen Männer sind arbeitslos. Sie gehen zum Militär oder flüchten in der Hoffnung auf ein besseres Leben in die westlichen Metropolen des Landes. Wer hier bleibt, verbringt seine Zeit in den unzähligen Internet-Cafés und hat nur eine Leidenschaft: Trabzonspor. »Es gibt hier nichts außer Trabzonspor. Wenn die Liga zu Ende ist, dann ist das Leben zu Ende«, sagt Tayfun. Er ist Mitglied bei dem wichtigsten der zahlreichen Fanklubs. Ihre martialischen Namen sind auf den Bannern bei den Heimspielen der Mannschaft im Stadion zu lesen. »Affetmerler« heißen sie – die, die nicht verzeihen. Es gibt noch andere, wie zum Beispiel die »Cilginlar«, die Verrückten. Bei den Spielen von Trabzonspor sind 80 Prozent der Stadionbesucher arbeitslos, behauptet der Autor Artun Ünsal, der Tayfun und andere Fans des Klubs interviewt hat. Polizeipräsidenten mussten gehen, weil sie die Gewalt um die Spiele nicht in den Griff bekommen haben.

Obwohl in Trabzon ein sehr konservatives Milieu herrscht und der Nationalismus teilweise überbordend ist, ist die Liebe zum Klub noch größer. Als die Nationalmannschaft 2004 in der Qualifikation zur Weltmeisterschaft 2006 in Trabzon gegen Georgien spielte, wurde sie von Beginn an ausgebuht. Vom Erzfeind Fenerbahce standen sieben Spieler auf dem Platz, die bei jedem Ballkontakt gnadenlos ausgepfiffen wurden. Ein bislang einzigartiger Vorgang in der Geschichte des türkischen Fußballs, ist die Milli Takim doch das nationale Symbol.

Mit den Meisterschaften war der Aufstieg auf die Augenhöhe mit den Istanbuler Serienmeistern geschafft. Die Rede war nun von den »dört büyük«, den vier Großen, des türkischen Fußballs. Trabzonspor gelangen legendäre Siege gegen Spitzenmannschaften im Europapokal. Der FC Barcelona wurde zu Hause ebenso besiegt wie Inter Mailand und der FC Liverpool, bevor man dann auswärts ängstlich und ohne den manischen Mob im Rücken unterging und ausschied. Über die zukünftige Ausrichtung des Vereins entbrannte ein erbitterter Richtungsstreit, der bis heute immer wieder Anlass zu heftigen Auseinandersetzungen innerhalb des Klubs ist. Viele sahen es etwa als Verrat an der Identität an, als zur Saison 1985/86 mit dem deutschen Jürgen Sundermann erstmals ein ausländischer Trainer ans Schwarze Meer geholt wurde, der mit seinem Landsmann Jürgen Groh gleich auch den ersten ausländischen Spieler mitbrachte. Präsident Mehmet Ali Yilmaz, ein zwielichtiger Geschäftsmann, wollte den Klub mit internationalen Stars zur ersten Adresse des türkischen Fußballs ausbauen und holte sich in Sundermann einen Trainer, der zuvor beim VfB Stuttgart erfolgreich gearbeitet und schon Erfahrung im Ausland gesammelt hatte. »Dabei war ich nur zweite Wahl«, erinnert sich Sundermann, »Dettmar Cramer konnte nicht und schlug mich dann vor. Ich war neugierig und wollte diese Erfahrung machen.«

Bei der Vorstellung Sundermanns in Trabzon empfingen ihn 20 000 Menschen mit überbordender Begeisterung, die regionale Regierung war da, und zur Ehre des neuen Hoffnungsträgers wurden zehn Tiere geschlachtet. Sundermann musste einem Tier seinen Finger in die blutende Wunde halten und mit dem Blut des Tieres die eigene Stirn berühren. Glück sollte das bringen und gute Geister. Der Mann, den sie in Stuttgart den »Wundermann« nannten, machte das, auch wenn er schlucken musste.

Als Sundermann nach Trabzon kam, hatte die Meistermannschaft der vergangenen Dekade ihren Zenit bereits überschritten, und ein gewisser Sättigungsgrad war bei den älteren Herren nicht zu übersehen. Ähnlich wie Jupp Derwall bei Galatasaray Istanbul eroberte Sundermann die Herzen der Menschen, weil er auf sie zuging. Türken freuen sich über jedes türkische Wort, das ein Ausländer mit ihnen spricht. Dass sich jemand ernsthaft für sie interessiert, öffnet das Tor zu ihrer einzigartigen Gastfreundschaft. »Ich konnte mich vor Einladungen zum Abendessen kaum retten«, erinnert sich Sundermann, der neue Wege einschlug, die dem Verein eine Zukunft in der Spitze garantieren sollten. Er gründete ein Nachwuchsinternat und bot den Spielern sogar Englischkurse an, damit sie sich auf ein Leben nach dem Fußball vorbereiten konnten. Er lebte im Trainingszentrum, direkt am Schwarzen Meer, zusammen mit den Bediensteten und vielen Spielern. Das war ungewöhnlich, denn in der Türkei werden die Trainer als »Hodscha« angesehen und angeredet. Das ist ein Begriff aus der Religion und bedeutet Gelehrter. Der Hodscha wird zu allen Fragen um Rat gebeten und steht über den Dingen, ihm wird Weisheit zugeschrieben.

Sundermann lernte schnell, dass die Rolle des Trainers in der Türkei weit über das hinausgeht, was er in Deutschland kannte. Ging er in ein Restaurant, war sein Tisch sofort umlagert von Leuten, die wollten, dass der Hodscha doch bitte ihren Lottoschein ausfülle, denn das würde sicher den gewünschten Erfolg bringen. Aberglaube ist in der türkischen Gesellschaft tief verwurzelt und nicht nur in der anatolischen Provinz. Als Christoph Daum 2004 zu Fenerbahce Istanbul wechselte, schienen einige schon den Glauben verloren zu haben, bevor alles so richtig angefangen hatte. Um nach der 0:3-Heimniederlage zum Einstand ihres neuen Hoffnungsträgers alles zum Guten zu wenden, legten zwei Offizielle das Schicksal ihres segensreichen Fenerbahce Spor Kulübü in die Hände höherer Mächte. Ein »Medium« brachte die zwei Männer dazu, in eine Tüte zu urinieren. Die Flüssigkeit wurde dann auf ausgesuchte Stellen im Sükrü Saracoglu Stadion gegossen. Und siehe da: In der Folge gewann Fenerbahce Istanbul nicht nur das nächste Spiel mit 7:1, sondern auch die Meisterschaft. Die bösen Geister schienen gebannt. Jedoch: Anfang der folgenden Saison machte das »Medium« all dies öffentlich, und Hohn und Spott ergoss sich über den bestgehassten Fußball-Klub des Landes. Die Herren baten das »Medium« nämlich erneut um dessen Magie. Dumm nur, dass sie der »Hexe« vorher nicht die versprochene Meister-Prämie hatten zukommen lassen. Die sehr weltliche Dame rückte mit einer versteckten Kamera an und verkaufte die bizarre Geschichte einem Fernsehsender.

Jürgen Sundermann, der deutsche Pionier in Anatolien, drang in seiner Eigenschaft als Trainer in ganz intime Bereiche des türkischen Lebens vor. Der Hodscha aus Deutschland wurde beispielsweise von der Familie eines Spielers zu Verhandlungen über eine arrangierte Hochzeit eingeladen. »Da ging es darum, wie viele Tiere die Braut mit in die Ehe bringt und wie viele der Bräutigam«, erinnert sich Sundermann. Die Frauen seiner Spieler in Trabzon hat er indes nie zu Gesicht bekommen. »Das war undenkbar, dass ich sie je treffen würde«, sagt Sundermann. Die Männerwelt und die Frauenwelt in Trabzon waren getrennt. Als Sundermann ein Trainingslager in seinem Heimatort Leonberg bei Stuttgart abhielt, besuchte ihn seine Frau und setzte sich beim Essen mit an den Tisch. »Das hat die Leute total verunsichert, das gab es dort nicht«, erinnert sich der Trainer. Religion spielte in Trabzon in der Wahrnehmung des deutschen Gastarbeiters kaum eine Rolle. Wenn, dann eher zum Vorteil. Die Spieler tranken keinen Alkohol, obwohl sie nur gemäßigt religiös waren. In Discos gingen sie im Gegensatz zu ihren Kollegen in den westlichen Metropolen in Izmir oder Istanbul ohnehin nicht. Wer Fußballer ist, darf sich in Anatolien keine nächtlichen Ausschweifungen zuschulden kommen lassen. »Sie würden an vielen Orten verprügelt werden, wenn sie beim Alkoholtrinken in der Disco erwischt werden«, erzählt der Soziologe Tanil Bora. Zu schaffen macht ausländischen Trainern manchmal die Fastenzeit. Da aber alle Mannschaften davon betroffen sind, konnte kein Team je wirklich einen entscheidenden Vorteil in dieser Zeit gewinnen. Auch Sundermann machte seine Erfahrungen mit dem Ramadan. »In dieser Zeit aßen einige nicht vor Sonnenuntergang. Aber der Islam kennt auch Ausnahmen, bei Menschen, die körperlich hart arbeiten müssen. Davon machten einige Spieler Gebrauch.« Sundermann stellte das Training während der Fastenzeit um, trainierte weniger und abends. Viel mehr als die Religion verblüffte Sundermann die völlig andere Auffassung von Ehre, die türkische Spieler haben. Sundermann erinnerte sich an die Reaktion seines Spielers Güngör, als er ihn einmal nicht aufstellen wollte. Güngör war türkischer Nationalspieler. Sundermann merkte, dass der Spieler nicht anwesend war. »Wo ist Güngör?«, fragte er, und alle Mitspieler schauten betroffen zu Boden. Er ging zurück ins Trainingszentrum und fand Güngör weinend auf dem Bett liegen. Er könne nicht ins Stadion gehen, die Schande der Auswechselbank könne er als Nationalspieler seiner Familie und seinen Freunden nicht antun, teilte der Spieler gekränkt mit. Sundermann konnte ihn nicht überreden, mitzukommen. Abgesehen von diesen kulturellen Differenzen konnte Sundermann aber sehr gut leben in Trabzon. »Wir saßen fast jeden Abend am Meer und grillten, hier konnte ich leben«, sagt er.

Auf seiner zweiten Station in der Türkei war das nicht so. Im Mai 1989 übernahm Jürgen Sundermann Malatyaspor vier Spiele vor Saisonende und rettete den Klub vor dem Abstieg. Doch anders als in Trabzon spielt Religion in Malatya, einer Stadt mit 450 000 Einwohnern im armen Südosten des Landes, eine sehr große Rolle. Im Stadion hingen Plakate, auf denen stand: »Wie lange noch wollt ihr es dulden, dass eure Söhne von einem Ungläubigen trainiert werden?«. Außerdem kam Sundermann zu einer Zeit zum Klub, als zwei Parteien innerhalb des Vereins um die Macht rangen und eine Fraktion den Mann aus Deutschland unbedingt weghaben wollte. Auch machten Gerüchte die Runde, dass die brasilianischen Spieler des Klubs als Drogenkuriere benutzt wurden. »Hier konnte ich nicht Fuß fassen, hier war ich von Anfang an nur der Ungläubige«, erinnert sich Sundermann. Als der Trainer dann der *Bild* ein Interview gab, worin er den Verdacht äußerte, man wolle ihn aus dem Amt herausekeln, machte eine anatolische Agentur daraus die Schlagzeile: »Sundermann ekelt sich vor der Türkei«. Danach war es vorbei, Sundermann bekam Todesdrohungen und konnte das Trainingsgelände nicht mehr verlassen. Während des Trainings schirmten Dutzende von Sicherheitsbeamten das

Gelände ab. Eines Abends dann nahm Sundermann in einer Nacht-und-Nebel-Aktion reißaus, fuhr mit dem Auto 30 Stunden nach Istanbul und flog nach Deutschland. Die einzige schöne Szene in Malatya war aus der Sicht Sundermanns das Gastspiel von Trabzonspor. Sundermann ging zum Bus bei der Ankunft seiner ehemaligen Mannschaft. Die Spieler stellten sich in Reih und Glied auf und klatschten dem Trainer Beifall.

Sein Landsmann Jürgen Groh indes bekam in Trabzon nie Beifall. Er hielt es nur ein paar Monate am Schwarzen Meer aus. Die Sprachbarriere ließ keine Kommunikation mit den Mitspielern zu, die dem Neuen ohnehin skeptisch gegenüberstanden. »Die Erwartungshaltung war riesig, die konnte der Joschi nicht erfüllen«, sagt Sundermann. Der Pfälzer Groh, immerhin zweifacher Nationalspieler und Europapokalsieger mit dem HSV, war ein emsiger Mannschaftsspieler, wie ihn sich jeder Trainer wünscht. Doch die Zuschauer und Mitspieler erwarteten von dem teuren Ausländer Spektakel und dass er weitaus besser als einer der ihren spielt, der für ihn auf der Bank Platz nehmen muss. Groh war schnell der Buhmann, wie so viele andere Ausländer nach ihm, die vergeblich versuchten, in Trabzon Fuß zu fassen. Es scheiterten Stars wie der belgische Torhüter Jean Marie Pfaff oder der brasilianische Künstler Marcelinho. Einzig der georgische Nationalspieler Shota Arveladze entwickelte sich zu einem Publikumsliebling, er wurde 1996 Torschützenkönig der Süperlig. Die ewigen Diskussionen um die Ausländer ließen Trabzon nie zur Ruhe kommen und nicht nur die Trainer ständig wechseln. Sundermann empfahl 1988 seinen Landsmann Werner Biskup, was dem guten Ruf Sundermanns im Nachhinein geschadet hat, denn Biskup war damals Alkoholiker, und im konservativen Trabzon war das unverzeihlich. Noch einmal versuchte ein Deutscher sein Glück, Hans-Peter Briegel in der Saison 1996/97, aber damals war die Mannschaft zu schwach. Sein Aufenthalt blieb Episode. Die alte Frage, ob Trabzon nicht doch zurückkehren sollte zur Idee, nur Spieler aus der Region aufzustellen, ließ nicht nur in der Trainerfrage keine Kontinuität zu. Auch die Präsidenten wechselten oft. In der Türkei ist das ein großes Problem. Denn mit ihnen geht auch der gesamte Führungsapparat, die sportlichen Manager und die Trainer. Was bleibt, sind meistens Schulden, die die Nachfolger dann begleichen müssen. Starke Manager-Figuren wie Uli Hoeneß bei Bayern München gibt es in der Türkei nicht.

»Dieser Umstand muss sich bald ändern, sonst schaffen die Vereine keine personelle Nachhaltigkeit, ein großes Hemmnis für viele Klubs«, sagt Ersun Yanal. Inzwischen trainiert der ehemalige Nationaltrainer Trabzonspor und versucht dort »modernen anatolischen Fußball« spielen zu lassen. Yanal will in Trabzon die traditionellen Stärken wie Trotz und Kampfkraft mit den Methoden des modernen internationalen Fußballs versöhnen und Trabzonspor endlich aus der fast ein Vierteljahrhundert lang währenden Krise führen. Wie diese »anatolische Moderne« aussehen könnte, zeigte Yanal schon einmal mit dem Klub Genclerbirligi aus Ankara. Mit furiosem Offensivfußball sorgte die Mannschaft in der Saison 2003/2004 im UEFA-Cup für Furore, nachdem sie im Jahr zuvor fast die Meisterschaft gewonnen hätte. Sporting Lissabon, die Blackburn Rovers und der FC Parma wurden aus dem Wettbewerb geworfen, bevor erst der spätere Sieger FC Valencia unter Trainer Rafael Benitez im Viertelfinale Endstation war. Die attraktive Spielweise fand überall Anerkennung und wurde Yanals Eintrittskarte für den Nationalmannschaftsjob. Der Soziologe Tanil Bora wurde ein großer Fan der Mannschaft und erklärte seinen Wechsel als Anhänger von Galatasaray zu Genclerbirligi in einem hinreißenden kleinen Essay. Doch

Genclerbirligi war nicht die erste Mannschaft außerhalb Istanbuls, die vor und nach Trabzonspor fast die Meisterschaft gewonnen hätte und Erfolge in Europa feierte.

Izmir ist seit Anbeginn ein Zentrum des türkischen Fußballs. Bereits zur Jahrhundertwende gründeten Griechen hier zeitgleich mit Istanbul Vereine. Doch keiner konnte so viele Fans hinter sich bringen wie Göztepe, der 1925 aus Kreisen der Bourgeoisie und der Intellektuellen Izmirs aus der Taufe gehoben wurde. Göztepe und die noch älteren Stadtrivalen Altay und Karsiyaka sind außerhalb der Türkei kaum jemandem bekannt. Dabei ist Izmir seit jeher ein pulsierendes Fußballepizentrum der Türkei. Göztepe, türkischer Meister von 1950, feierte Erfolge im Messe-Cup, dem Vorläufer des UEFA-Cups. 1969 drang der Klub aus dem gleichnamigen Stadtteil Izmirs bis ins Halbfinale des Messe-Cups vor, die Ungarn von Ujpest Budapest waren damals Endstation. Ein Jahr später gewann Göztepe den türkischen Pokal zum zweiten Mal in Folge. Zwei Jahre zuvor 1967 hatte im Pokalfinale gegen Altay noch der Münzwurf zugunsten des verhassten Rivalen entschieden. Verantwortlich für den damaligen Erfolg war der Trainer Adnan Süvari. Der in England studierte Ingenieur brachte neue Methoden in die Stadt an der Mittelmeerküste. Ein Stilmittel war die gezielte Spielverlagerung auf die jeweils andere Seite des Platzes, das in der Türkei außer Göztepe in dieser Zeit kaum jemand beherrschte.

Legendär bis heute sind die Straßenschlachten, die tobten, wenn Derbys gegen Karsiyaka anstanden. Als sich die Kontrahenten in der Saison 1980/81 in der zweiten Liga gegenüberstanden, sahen dieses Spiel über 80 000 Zuschauer. Dieser Weltrekord für ein Zweitligaspiel ist bis heute nicht gebrochen. Nach dem Wiederaufstieg 2001 erzielte Göztepe in der Folgesaison aufgrund des großen Zuschauerandrangs von über 40 000 im Schnitt bei Heimspielen einen Reingewinn von 25 Millionen US-Dollar. In den vier folgenden Jahren wurde der Klub bis in die dritte Liga durchgereicht. Der Schuldenberg betrug 2006 ebenfalls 25 Millionen Dollar. Vorwürfe von Untreue wurden laut, und die komplette Vereinsführung wurde aus dem Amt gejagt. 2007 folgte der endgültige Absturz in die Amateurliga, der Klub gründete sich neu und heißt nun 1925 Göztepe. »Es ist traurig: Göztepe war einer der ganz großen Namen des türkischen Fußballs. Kein Klub hat nach Galatasaray, Fenerbahce, Besiktas und Trabzonspor mehr Erfolge in Europa vorzuweisen als Göztepe«, sagt der Journalist Deniz Gökce von der Zeitung *Aksam*.

Es sind immer wieder innere Krisen, die aufstrebende Klubs aus Anatolien hindern, den Istanbuler Klubs langfristig gefährlich zu werden. Dabei haben die Trainingsbedingungen seit Anfang der 1990er Jahre fast überall in der Türkei europäischen Standard. Ob in Genclerbirligi in Ankara, Trabzon oder Sivas – kaum ein Klub muss noch wie in den Jahrzehnten zuvor auf Ascheplätzen trainieren. Die Trainingszentren müssen sich vielerorts nicht mehr hinter denen der deutschen Bundesliga verstecken. Durch die Politik der Öffnung von Ministerpräsident Turgut Özal kam Anfang der 1990er Jahre Kapital in die Türkei, und von der Einführung des privaten Fernsehens profitieren auch die anatolischen Klubs. Die verbesserten Bedingungen lockten immer wieder ausländische Trainer in für Europäer exotisch klingende Orte. Walter Zenga beispielsweise, der elegante italienische Nationaltorwart von Inter Mailand, heuerte 2005 in der südostanatolischen Stadt Gaziantep bei Gaziantepspor an. »Der hatte aber nichts zu sagen«, erzählt ein Spieler, der damals unter Zenga trainierte und nicht genannt werden will. Die Präsidenten in den anatolischen Klubs spielen eine noch bestimmendere Rolle als jene in Istanbul. Zenga blieb nur ein Jahr. Doch die ausländischen Trainer und die vielen ausländischen Spieler haben das Niveau der Süperlig enorm verbessert. Trotzdem bleiben die anatolischen Klubs Zulieferer der großen Istanbuler Klubs. Macht ein türkischer oder ausländischer Spieler in der Provinz auf sich aufmerksam, folgt prompt der Wechsel zu einem der großen Klubs an den Bosporus. Die Finanzkraft der Istanbuler Vereine ist zu stark und die Verheißung zu verlockend, dauerhaft im Europacup zu spielen. Dabei spielen auch die Medien eine große Rolle, vor allem die Boulevardreporter im Fernsehen. Als der Slowake Filip Hoslonko in der Saison 2006/07 bei Vestel Manisaspor reüssierte, kamen TV-Reporter aus Istanbul nach Manisa und fragten den 23-Jährigen: »Für welchen der ›üc büyük‹ würden Sie am liebsten spielen wollen?« Als der slowakische Nationalspieler Besiktas nannte, zog ihm der Reporter ein Besiktas-Trikot über. Der Wechsel Hoslonkos zu Besiktas ließ dann nicht lange auf sich warten.

Oft sind auch die städtischen Verwaltungen an den Klubs beteiligt. So wie bei Ankaraspor, wo der Bürgermeister zugleich Klubpräsident ist. Dort fließen dann oft Steuergelder in die Vereine. Wechselt der Bürgermeister und hat der Nachfolger kein Interesse mehr am Klub, bricht dort alles zusammen, wie etwa das Beispiel Kocaelispor in den 1980er Jahren zeigte.

Der Einfluss der Politik ist überall deutlich zu spüren. Der ehemalige Präsident der verarmten Region Van im Osten des Landes, Mahmut Yilba, wollte den Fußballklub Vanspor dazu benutzen, um verstärkt auf die wirtschaftliche Benachteiligung der Region aufmerksam zu machen. Er stellte ein stattliches Budget aus dem Staatssäckel für die Fußballer zur Verfügung, die ab Mitte der 1990er Jahre mit dem Slogan auf den Trikots warben: »Die nationale Integration für die östlichen Regionen«. Yilba sammelte Spenden, und nach dem Aufstieg hingen bei Spielen von

Vanspor gegen die Istanbuler Elite Banner im Stadion mit Aufschriften wie: »Die 21. Gendamerie Grenztruppen wünschen Vanspor Erfolg in der ersten Liga«. Vanspor wurde Vorbild für andere Vereine aus den vernachlässigten Gebieten im Osten. Erzurumspor trat unter dem gleichen Motto an. Viel gebracht hat es nicht, die Klubs sind wieder abgestiegen, und wirtschaftlich aufwärts geht es erst, seit die AKP von Ministerpräsident Erdogan an der Macht ist und die Investitionen im Osten verstärkt hat.

Eine besondere Rolle spielt der Klub Diyarbakirspor. Diyarbakir ist die Hochburg der Kurden im Südosten des Landes. 1970 noch von rund 150 000 Einwohnern bewohnt, leben heute offiziell 1,1 Millionen Menschen in der Stadt, tatsächlich dürfte diese Zahl aber noch höher sein. In der Zeit des Bürgerkrieges zwischen dem Militär und der kurdischen Separatistenbewegung PKK in den 1980er und 1990er Jahren kamen viele Flüchtlinge aus den Bergen in die Stadt am Tigris. Diyarbakirspor wurde immer als PKK-Klub stigmatisiert, auch weil die Vereinsfarben rot und grün sind, die kurdischen Nationalfarben. »Es ist nicht leicht, ein Anhänger von Diyarbakirspor zu sein«, sagt Ates, ein Fan von Diyarbakirspor, in einem Interview mit dem *Radikal*-Journalisten Hakan Gülseven. Immer wieder kam und kommt es um die Spiele von Diyarbakirspor zu Ausschreitungen. Besonders bemerkenswert war das Spiel in Sankospor 1997, als die Anhänger des Gastgebers die Fans aus dem Osten mit einem riesigen Banner empfingen, auf dem »Raus ihr Terroristen« stand. Die Polizei prügelte die Diyarbakir-Fans während des Spiels aus dem Stadion. Im selben Jahr schlug die Staatsmacht ohne Grund nach einem Spiel gegen Ankara Municipal die Profis des Klubs. »Egal was passiert in den Hochburgen des Nationalismus wie Konya oder Malatya«, sagt Ates, »wenn wir spielen, wird immer Politik und Sport vermischt.« Ates sagt weiter:

»Ich bin ein echter Anatolier, die Medien sollten endlich die Erfolge der kleinen Klubs nicht mehr leugnen. Das Rad dreht sich auf ungerechte Weise.«

Diesen Eindruck hat nicht nur Ates. Die Lobby der Istanbuler Klubs in den Gremien des Verbandes ist stark. Aus Verzweiflung darüber kündigte Mitte 2007 Vestel, das größte Elektronikunternehmen der Türkei, seinen Rückzug aus dem Fußball an. Dabei schien gerade der Klub Manisa zu einem der spannendsten und ernsthaftesten Herausforderer der Istanbuler zu werden. 2003 stieg Vestel groß beim Klub der prosperierenden Stadt in der Westtürkei ein und installierte einen Mitarbeiter der Firma als Klub-Manager. Von nun an hieß der Verein Vestel Manisaspor. Die Finanzkraft des Elektronikgiganten war so groß, dass der Angriff auf die Klubs aus der Kapitale nur eine Frage der Zeit schien. In Ersun Yanal verpflichtete der Klub nach dem Erstligaaufstieg zur Saison 2006/07 den ehemaligen Nationaltrainer, erweiterte die Stadionkapazität auf über 10 000 Plätze und gab als Ziel an, in drei, vier Jahren um den Titel mitspielen zu wollen. Nach acht Spieltagen stand Vestel Manisaspor ungeschlagen auf Rang eins der Süperlig, brach danach aber ein und gewann zehn Spieltage nicht mehr. Am 14. Spieltag kam der große Bruch. Weil Torhüter Bülent Ataman und Assistenztrainer Metin Bayindir in der 37. Spielminute beim Spiel gegen Sakaryaspor den Schiedsrichter verprügelten, wurde das Spiel abgebrochen, die beiden Täter gesperrt und der Klub mit fünf Punkten Abzug bestraft. Trainer Ersun Yanal trat völlig frustriert zurück.

Knapp ein Jahr später bestrafte der türkische Verband Trabzonspor jedoch mit nur drei Spielen Sperre, nachdem Zuschauer beim Spiel gegen Sivas den Platz stürmten und versuchten, die Spieler des Gegners zu verprügeln. Für die Manager des Elektronikriesen brachte diese milde Bestrafung das Fass zum Überlaufen. Vestel fühlte sich schwer benachteiligt: »Immer werden die Istanbuler Vereine und Trabzonspor bevorteilt, wir sind es satt, so kommt der türkische Vereinsfußball nie zu Chancengleichheit«, kommentierte der Vestel- und Manisaspor-Manager erbost. Vestel kündigte an, nur noch bestehenden Verpflichtungen nachzukommen, aber keine neuen Investments im türkischen Fußball zu tätigen. Ein Entschluss, der wieder einmal eine Diskussion über die Zustände im Vereinsfußball des Landes auslöste und die Hoffnung schwinden ließ, dass vielleicht die Finanzkraft eines großen Konzerns einen Klub aus Anatolien nach ganz vorne bringen könnte.

Der große Hoffnungsträger im ewigen Wettstreit zwischen Metropole und Provinz heißt in der Saison 2007/2008 Sivasspor. Die Mannschaft aus der alewitischen Hochburg feierte mit mehreren Brasilianern im Team sogar die Herbstmeisterschaft. Tabellenführer aus Anatolien gab es jedoch schon viele in der Geschichte der Süperlig: Göztepe, Genclerbirligi, Kocaelispor, Vestel Manisaspor und andere führten mal kurz, mal länger, die türkische Liga an. Gewonnen haben am Ende aber immer die »üc büyük« aus Istanbul. Und Trabzonspor. »Lange ist das her«, stöhnt Ismet, der Fischer aus Trabzon. »Ich glaube, die nächste Meisterschaft von Trabzonspor erlebe ich nicht mehr«, sagt er fatalistisch, wirft sein Netz ins Boot und schmeißt den kleinen Außenbordmotor an. Es geht wieder hinaus ins Marmarameer, auf die Jagd nach den kleinen Hamsi-Fischen. Jene mit den lilaroten Augen, nach denen die Menschen am Schwarzen Meer angeblich die Klubfarben von Trabzonspor ausgewählt haben.

»In die Falle gegangen« – Fußball und Medien

Deniz Gökce bestellt sich einen Milchkaffee und noch einen Erdbeerkuchen dazu. Beides ist im Restaurant des Marmara Hotel teurer als in jedem Wiener Kaffeehaus. Selbst für einen Tee wird hier das Achtfache von dem verlangt, was er bei den unzähligen Teehändlern kostet, die es in Istanbul an jeder Ecke gibt. Aber Deniz Gökce kann es sich leisten. Er schaut hinaus auf den Taksim-Platz, den höchsten Punkt von Beyoglu, des pulsierenden Viertels auf der europäischen Seite der Stadt. Hier sind selbst nachts noch Menschenmassen unterwegs, die in die Bars und Cafés des Vergnügungsviertels strömen. Ins Marmara Hotel, an dessen Eingang die Besucher Kontrollen wie an einem Flughafen erwarten, kommen die meisten von ihnen nie. »Ich bin Dollar-Millionär«, sagt Gökce lapidar und blickt aus dem Fenster. Das können nicht viele der rund 600 Sportjournalisten der Türkei von sich behaupten. Gökce, der Mann mit dem gepflegten grauen Bart, ist aber nicht nur einer der bekanntesten Sportjournalisten mit eigener Show im Fernsehen und 30 Berufsjahren als freier Reporter für diverse Gazetten des Landes. Er ist zudem ein bekannter Ökonom mit einem in den USA erworbenen Doktortitel, Lehrauftrag an einer Istanbuler Universität und eigener TV-Show zu ökonomischen Fragen. »Ich bin unabhängig«, sagt Gökce stolz. Mit der Unabhängigkeit ist das nämlich so eine Sache im Journalismus der Türkei und im Sportjournalismus im Besonderen. »Ich weiß, dass ich privilegiert bin«, fährt Gökce fort, der seit den 1980er Jahren von allen großen Welt- und Europameisterschaften im Fußball und allen Sommer-Olympiaden berichtet. Gökce ist 1940 geboren. Als die türkische Nationalmannschaft 1954 zum ersten Mal bei einer Fußball-Weltmeisterschaft teilnahm, lebte die Familie in München. Der junge Gökce sah die deutschen Heroen um Sepp Herberger und Fritz Walter bei ihrer Heimkehr nach dem WM-Gewinn durch München ziehen. Gökce spricht fließend Deutsch und Englisch, auch das unterscheidet ihn vom Gros der Kollegen. »Nur zehn Prozent der türkischen Sportjournalisten haben keine finanziellen Probleme«, sagt er und beißt genüsslich in seinen Erdbeerkuchen. Das Durchschnittseinkommen eines türkischen Sportreporters beträgt 300 Euro, mittelmäßige Kolumnisten bekommen um die 1000 Euro. Und dann gibt es noch solche wie Gökce, die eigene Fernsehsendungen haben oder zu den Starkolumnisten des Gewerbes zählen. Das sind die 20 oder 30 Dollar-Millionäre im türkischen Sportjournalismus. Auch die vielen freien Reporter spielen eine Rolle, Geld bekommen sie in der Türkei in der Regel aber nicht. Meist schicken die Zeitungen so genannte »stajyerler« (Lehrlinge) ihren Lieblingsklubs hinterher, damit sie sich die Sporen verdienen. »Das sind oft junge Leute ohne Ausbildung und ohne Fremdsprachenkenntnisse, deren einzige Qualifikation ihr Fantum für den jeweiligen Klub ist«, behauptet der 66 Jahre alte Haudegen. Er selbst, sagt er, sei nicht Fan eines großen Klubs. Aber von dieser Sorte gebe es vielleicht nur zwei oder drei im Land.

Dafür gibt es fast so viele junge Männer im Land, die davon träumen, der eigenen Mannschaft als Reporter hinterherzureisen, wie es junge Männer gibt, die vom Leben als Profifußballer träumen. Die Aussicht auf eine Anstellung oder gar eine Karriere, wie Gökce sie gemacht hat, lässt sie viele lange Jahre für wenig oder kein Geld arbeiten. Sie können sich auch keine Auftritte leisten wie Gökce, der vor einigen Jahren in den Redaktionsräumen einer großen Zeitung stattfand. Seit Monaten hatte er kein Geld gesehen.

»Ich brauchte es nicht, aber wer eine Leistung erbringt, soll dafür auch bezahlt werden. Das sollte langsam auch in der Türkei zum Standard werden«, ereifert sich Gökce. Er ging in die Redaktionsräume und wollte den Chefredakteur sprechen. Der Ressortleiter teilte ihm mit, der Chefredakteur sei nicht im Haus. Daraufhin nahm Gökce, kein sehr großer, aber energischer Mann, seine Schreibmaschine und verließ das Gebäude mit der Drohung, keine Zeile mehr für das Blatt zu schreiben. Der Redaktionsleiter lief ihm nach, holte ihn samt Schreibmaschine zurück ins Gebäude, der Verlagschef erschien, und ein paar Tage später war Gökces Konto um ein paar tausend Lira voller. Anfänger staunen angesichts von so viel Chuzpe. Und selbst viele Altgediente müssen heute noch um jeden Kurus betteln, wenn es um die Finanzierung von Auslandsreisen geht, zum Beispiel bei Champions-League- oder Länderspiel-Begegnungen. »Meistens gibt es nicht mehr als 100 Euro Spesen, egal wie lange der Trip ist und wohin. Was über diese Summe hinausgeht, müssen die Journalisten selbst bezahlen«, sagt Gökce.

Doch nicht nur die Arbeitsbedingungen sind hart in der Türkei. Verschwörungstheorien gehören zum türkischen Journalismus wie der Raki zum Essen. »Gerüchte und Verschwörungstheorien gehören in allen mediterranen und arabischen Gesellschaften zum täglichen Leben«, sagt Deniz Gökce, »dennoch sind wir Türken in Verschwörungstheorien geradezu verliebt.« Mag in anderen Kulturkreisen Schweigen Höflichkeit ausdrücken, ist dies in der Türkei eher eine Peinlichkeit. Gesprochen wird immer. Über was, ist nicht immer von erstem und ernstem Rang. So kann einem bei einer Einladung zum Abendessen passieren, dass der ganze Abend von einer Aussage getragen wird, die beispielsweise die Tante eines Gastes getätigt hat. Stellt sich zwei Tage später heraus (was jeder an dem Abend schon geahnt hatte), dass die Tante nur Gerüchten aufgesessen war, so war es doch ein schöner Abend. Spöttisch und lebensklug wie die Türken sind, nehmen sie daher auch längst nicht alles für bare Münze, was täglich in den Zeitungen geschrieben und in den TV-Sendungen erzählt wird.

Ein Kolumnist der englischsprachigen *Turkish Daily News* erklärte einmal die Vorliebe der Türken für Verschwörungstheorien mit ihrer notorischen Suche nach Sündenböcken, wenn etwas schiefgeht. »Am besten findet sich jemand von außen, die Schuld suchen wir fast nie bei uns«, so der Reporter. Dass nicht selten abstruse Geschichten in den Zeitungen abgedruckt werden, stört allerdings die wenigsten Leser. Wer glaubt schon ernsthaft, dass die Amerikaner die Erdbeben in der Marmara-Region von 1999 ausgelöst haben, bei denen 17000 Menschen ums Leben kamen? Weil die kalifornische und die nord-anatolische Störungszone fast identisch seien, hätten die Amerikaner das Erdbeben ausgelöst, um eines in Kalifornien zu vermeiden. So jedenfalls hieß es in der verbreiteten Theorie. Eine andere wollte glauben machen, dass israelische Atomversuche das Erdbeben ausgelöst hätten. »Aber sehen wir der Sache ins Gesicht«, so der genervte Kolumnist, »dieses Land lebt in einer Erdbebenzone, da können Erdbeben passieren. Um solche Katastrophen nicht im Desaster enden zu lassen, müssen wir zum Beispiel Standards im Baurecht aufstellen.« Im Fußball der Türkei gehört es dabei schon fast zur Folklore, den Schiedsrichter, gewissermaßen im Vorgriff auf eine mögliche Niederlage, der Parteilichkeit zu bezichtigen. Als die Türkei in der WM-Qualifikation 2005 gegen Griechenland mit dem deutschen Trainer Otto Rehhagel antrat, sorgte die Nominierung des deutschen Referees Markus Merk in der türkischen Presse für ätzende Schlagzeilen. »Rehhagels Zahnarzt pfeift«, schrieb die Zeitung *Sabah*. Merk, damals schon längst kein praktizierender Dentist mehr, stammt aus Kaiserslautern, wo Rehhagel einst beim FCK spielte und trainierte. Man kennt sich. Gewiss, die Ansetzung der FIFA war instinktlos. Das Spiel endete 0:0. Merk pfiff hervorragend, und nach dem Spiel verlor kein türkischer Journalist eine Zeile über die Leistung des deutschen Unparteiischen. Doch Gerüchte und Verschwörungstheorien steigern die Auflage, das ist überall in der Welt so, vor allem in der Fußballbranche, die auch von ihren Wechselgerüchten lebt. In den Wechselperioden im Januar und im Juli steigern die reinen Fußballblätter wie *Pas Fotomac* und *Fanatik* ihre Auflagen nicht selten um mehrere zehntausend. Quasi alle Großen des Weltfußballs sind schon einmal zu einem der großen Istanbuler Klubs gewechselt, schenkte man den Berichten türkischer Gazetten in diesen Zeiten Glauben. Auch in Zeiten, in denen Trainer der großen Istanbuler Klubs oder der Nationalmannschaft faktisch oder nur scheinbar vor der Ablösung stehen, steigen die Auflagen. Das Name-Dropping, das dann auf den Titelseiten die Leser am Kiosk anschreit, sucht weltweit wohl seinesgleichen. Nur zwei Tage nach der 0:1-Niederlage gegen Griechenland in der EM-Qualifikation im Oktober 2007, als Nationaltrainer Fatih Terim vor der Ablösung zu stehen und die Qualifikation für die EM in der Schweiz und Österreich nur noch ein Traum der wenig verbliebenen Optimisten im Land zu sein schien, stand Terim laut einiger türkischer Zeitungsberichte bereits vor der Unterzeichnung eines Vertrages beim FC Fulham in der englischen Premier League. Die Liste der Namen seiner Nachfolger umfasste in fast allen Gazetten mehrere Zeitungsspalten von A wie Ancelotti bis Z wie Zeman.

»In türkischen Zeitungen stehen mehr Märchen als in den Märchen aus Tausendundeiner Nacht«, meinte einmal Christoph Daum. Wer einen der Istanbuler Großklubs trainiert, übernimmt quasi ein Staatsamt. Und wer ein Staatsamt übernimmt, muss quasi qua Amt Fan eines der großen Klubs sein. Vor Derbys werden schon einmal alle Kabinettsmitglieder von den Zeitungen nach ihrer fußballerischen Vorliebe befragt. Für einen kleinen Moment überwindet der Fußball dann sogar die politischen Gräben und vereint sich argwöhnisch beäugende Gegenspieler in der Politik. So sind Ministerpräsident Recep Tayyip Erdogan und Generalstabschef Büyükanit Fenerbahce-Fans. Die Fußballbegeisterten des Landes werden prächtig versorgt mit Nachrichten aus ihren Lieblingsklubs.

Täglich berichten *Fanatik* und *Pas Fotomac* auf mehreren Seiten über die drei Istanbuler Großklubs Besiktas, Galatasaray und Fenerbahce. Trabzonspor widmen die beiden Blätter immerhin noch eine Seite. Die Klubs aus Anatolien werden in kleinen Meldungen abgefeiert und meistens auch nur, wenn der Trainer gewechselt wird oder sie sich mal länger als ein paar Wochen in der Spitzengruppe halten. Pro Spitzenverein stellen die Zeitungen je einen Reporter und Kolumnisten sowie zwei Fotografen ab. Bei wichtigen Europacup- oder Länderspielen ist beispielsweise *Fanatik* mit bis zu fünf Kolumnisten, zwei Reportern und zwei Fotografen vor Ort. Wer je für eine deutsche Lokalzeitung mit einer Bundesligamannschaft im Trainingslager gewesen ist und gezwungen war, täglich einen Bericht zu liefern, erahnt, wie groß der Druck für die Reporter der Hauptstadtklubs ist. Selbst in der Türkei schreit die Nachrichtenlage nicht jeden Tag nach einer Geschichte. »Wir tun nur unsere Arbeit«, sagt Kaan Bora, Redakteur bei *Fanatik,* und fügt hinzu: »Wir unterscheiden uns nicht von ähnlichen Blättern in England, Italien oder Spanien.« Nach dem Skandalspiel gegen die Schweiz titelte das Blatt: »In die Falle gegangen«. Gemeint war, dass die nationalistische Hysterie von den Schweizern provoziert worden sei und der Schweizer FIFA-Präsident Sepp Blatter ohnehin für das Weiterkommen seiner Landsleute gesorgt hätte. »Wir suchen immer Ausreden, wenn wir scheitern, das ist unsere Mentalität«, sagt Bagis Erten, Leiter des *Eurosport*-Büros der Türkei. »Aber gerade nach dem Schweiz-Spiel gab es genügend selbstkritische Stimmen, die international jedoch kaum Beachtung fanden.« Erten ist studierter Jurist und schreibt über Fußball für das Intellektuellenblatt *Radikal*, das mit einer Auflage von 50000 erscheint. Außerdem moderiert er eine Fußballsendung auf *CNN Turk*, die die großen Zusammenhänge darstellen will und den Blick über den Tellerrand des aktuellen Spieltages lenkt. »Den meisten Reportern geht es nur um das Resultat«, sagt Deniz Gökce. Die starke Personalisierung drängt die Analyse in den Hintergrund. Aber auch das ist nicht neu und nichts spezifisch Türkisches.

Relativ neu sind aber die beiden reinen Fußballzeitungen *Fanatik* und Konkurrent *Pas Fotomac*, die bisweilen zu den auflagenstärksten Blättern des Landes gehören. »Seit es sie gibt, hat auch der Druck auf die Tageszeitungen in der Sportberichterstattung zugenommen«, sagt Deniz Gökce. Mitten in der Phase des Aufstiegs des türkischen Fußballs von einem belächelten Underdog zu einem beachteten Konkurrenten der europäischen Vereins- und Nationalmannschaften kam 1996 *Fanatik* auf den Markt, kurz darauf *Pas Fotomac*. Seitdem hat der Jargon der Straße, das Benutzen von Slang-Wörtern und die Verunglimpfung des Gegners mit sexuellen Begriffen zugenommen, behauptete eine Studie des Wissenschaftlers Emre Gökalp vom European Studies Centre am St. Antony's College der Universität Oxford vom Oktober 2006. Blätter wie *Fanatik* richten sich dezidiert an den durchschnittlichen jungen Mann mit geringer Bildung zwischen 15 und 25 Jahren. Doch bereits die Freigabe privater Fernsehkanäle Anfang der 1990er Jahre machte Fußball endgültig zu einem Massenphänomen in der Türkei. Dabei lief schon eine der heutzutage zahllosen Fußballsendungen auf einem privaten TV-Kanal, als dies offiziell noch verboten war. Die Sendung »Maraton« macht ihrem Namen in jeder Beziehung alle Ehre, denn noch heute diskutiert Erman Toroglu in dieser Sendung den jeweiligen Spieltag. Toroglu, ein Hüne mit einem Kreuz so breit wie ein Hasenkasten, ist der bekannteste Fußballjournalist des Landes. Außer als meinungsstarker Redner in »Maraton« ist er noch als Kolumnist bei *Hürriyet* tätig. Wie es möglich war, dass damals schon privates Fernsehen zu sehen war, obwohl es nur dem Staatssender TRT erlaubt war, zu senden, weiß keiner mehr so genau. Oder will keiner mehr so genau wissen. Nicht hinderlich war sicher, dass Cem Uzan zusammen mit Ahmet Özal Gründer des Senders *Star TV* war. Ahmet Özal ist der Sohn des damaligen Staatspräsidenten Turgut Özal, der die Türkei nach den bleiernen Jahren nach dem Militärputsch 1980 dem Westen öffnete. »Maraton« läuft und läuft und ist bis heute die populärste TV-Fußballsendung geblieben. Die bekanntesten Kolumnisten treten darin auf und kommentieren genüsslich vor allem umstrittene Schiedsrichter-Entscheidungen. Vielleicht ist das so, weil Toroglu, Jahrgang 1948, früher ein bekannter Schiedsrichter war. Endlos werden Situationen in unzähligen Superzeitlupen gezeigt, die zu Elfmetern führten, oder nach Ansicht der Beobachter im Studio zu Elfmetern hätten führen müssen. Wer dabei noch nicht eingeschlafen ist, könnte dies allerdings bei den nicht enden wollenden Monologen tun, die die Zeitlupen manchmal unterbrechen und minutenlang die Experten in Großaufnahme zeigen. Das dient dem Ego der Kolumnisten, die in der Türkei nichts anderes als Stars sind und gefeiert werden wie die Fußballer auf dem Rasen. Die »Eckenschreiber«, wie sie auch genannt werden, sind der Stolz ihrer Blätter. Mindestens fünf oder sechs dieser Diven hält sich jede große Zeitung. Eckenschreiber heißen sie, weil ihre Texte am Rand oben links oder rechts unter ihrem Foto veröffentlicht werden. Wenn früher einer dieser meinungsbildenden Edelfedern den Verlag wechselte, lockte dieser oft Tausende von Lesern mit zum neuen Arbeitgeber. Ein Werben wie um Fußballstars war die Folge, bis schließlich die Medienmogule einen Abwerbestopp beschlossen. Seitdem sind die Eckenschreiber bis ans Lebensende an ihr Blatt gebunden.

Der Medienmarkt in der Türkei ist in drei Blöcke geteilt. Der größte und mächtigste ist die Dogan-Gruppe. Deren Gründer Aydin Dogan ist ein Mann, der wie kein Zweiter den Traum des Aufstiegs aus der anatolischen Provinz in den Kreis der Istanbuler Oberschicht verkörpert. Alle anderen einflussreichen Unternehmer des Landes stammen aus großen Städten: die Familie Koc stammt aus Ankara, die Sabanci aus Adana, die Eczacibasi aus Izmir. Dogan hingegen wurde 1936 in einem kleinen Dorf in der Provinz Gümishane geboren, eine der ärmsten Regionen der Türkei. Heute nennen ihn seine Kritiker den »türkischen Berlusconi«. Sein Imperium umfasst acht landesweite Tageszeitungen, darunter die drei auflagenstärksten des Landes: das Boulevardblatt *Posta*, das militärnahe Kampagnenflaggschiff *Hürriyet* und die liberale *Milliyet*, sowie *Fanatik* oder das Intellektuellenblatt *Radikal*. 24 Zeitschriften, die Fernsehsender *Kanal D, Star TV* und *CNN Türk* berichten für die Dogan Group, die 2006 25 Prozent ihrer Anteile am Fernsehgeschäft an Axel Springer verkaufte. Die Fernsehsender von Dogan halten einen Marktanteil von rund 25 Prozent, 40 Prozent der Werbeerlöse der türkischen Medienlandschaft fließen in Dogans Taschen. Im Zeitungsmarkt sind es sogar rund 60 Prozent. Dogan hält das Monopol am Vertrieb der Tagespresse, ihm gehört der erfolgreiche Buchverlag Dogan Kitap und die Plattenfirma DMC. Aydin Dogan wurde 1998 als erster Türke in den Vorstand des Weltverbands der Zeitungsverleger berufen, sein Vermögen beläuft sich laut *Forbes* auf 1,6 Milliarden Dollar. Doch anders als Berlusconi besitzt Dogan keinen Fußballverein und war nie in der Politik. Der medienscheue Mann lässt sich in der Öffentlichkeit gerne von seinen in den USA ausgebildeten Töchtern vertreten.

Die Ciner Group folgte lange auf Platz zwei mit dem auflagenstarken Boulevardblatt *Sabah* und *Fanatik*-Konkurrent *Pas Fotomac* sowie dem Fernsehsender ATV. Ciner wurde aber im April 2007 vom regierungsnahen TMFS geschluckt. Der in New York lebende Prediger Fetullah Gülen folgt auf Platz drei mit der Tageszeitung *Zaman*, die moderat islamisch geprägt ist und in der der deutsche Trainer Karl-Heinz Feldkamp vor seinem dritten Engagement in der Türkei 2007 bei Galatasaray dem türkischen Fußball als Kolumnist den Spiegel vorhielt. Wie anderswo auch halten sich die türkischen Zeitungen ehemalige Spieler als Kolumnisten. Der bekannteste von ihnen ist der ehemalige Fenerbahce-Kapitän Ridvan Dilmen. Als Spieler nannten sie ihn »Seytan«, was übersetzt Teufel heißt. Als Kolumnist ist der gutaussehende Dilmen um Sachlichkeit bemüht, auch wenn ihm als ehemaligem Fenerbahce-Spieler von den Konkurrenzklubs nicht selten Parteilichkeit vorgeworfen wird. Da jeder von jedem weiß, welchem Klub die Sympathien gelten, kommt es oft zu groben öffentlichen Wortgefechten zwischen Offiziellen und kritisch berichtenden Journalisten, die ihrem Fantum angeblich mehr anhängen als einer kritischen Berichterstattung.

Die großen Zeitungen wie *Milliyet*, *Hürriyet* oder *Fanatik* haben Ableger in Deutschland. Aus dem hessischen Mörfelden beliefern die Deutschlandredaktionen die Blätter in Istanbul mit den neuesten Nachrichten über die in der deutschen Bundesliga beschäftigten Türken. Hier werden die Deutschlandausgaben der Zeitungen gemacht, deren Einfluss auf die türkischen Migranten sehr groß ist. 40 Prozent der offiziell rund 2,5 Millionen in Deutschland lebenden Türken nutzen ausschließlich die türkischsprachigen Deutschlandausgaben der türkischen Blätter. Von Hetzkampagnen, wie sie früher üblich waren, als Deutschland in den 1980er und 1990er Jahren als »PKK-Staat« verunglimpft wurde, sieht man mittlerweile ab. Integration steht heute auf der Agenda. Der frühere Bundespräsident Johannes Rau rang Firmenchef Aydin Dogan die neue Ausrichtung nach harten Gesprächen ab. Mittlerweile kooperiert man im TV-Sektor mit dem *ZDF*, im Buchbereich mit *Burda,* und der *Bild*-Chefredakteur sitzt bei *Hürriyet* im Aufsichtsrat. Während die Auflage von *Hürriyet* bei ungefähr 45 000 und die von *Milliyet* bei 10 000 in Deutschland liegt, stagniert die Gesamtauflage der Tageszeitungen in der Türkei bei rund drei Millionen Exemplaren.

Die Geschäfte gehen also nicht schlecht, aber bei weitem nicht so gut wie bei Deniz Gökce. Er muss jetzt aber nach Hause. Und die Rechnung bezahlt natürlich er, bevor er im Menschengewirr am Taksim-Platz verschwindet.

Amigos und andere Freunde

Zum ersten Spiel nach dem Mord waren sie fast alle wiedergekommen. Standard Lüttich war zu Gast im UEFA-Cup, doch die Fans von Besiktas streckten schweigend ihre schwarz-weißen Schals in den dunklen Himmel über Istanbul. Es war eine merkwürdige Stille: Unten auf dem Rasen kämpften die 22 Fußballer um Ballbesitz, vergaben Torchancen, vereitelten Gelegenheiten des Gegners, freuten sich über gelungene Aktionen und ärgerten sich über dumme Fehler – doch von den knapp 20 000 auf den Rängen kam keine Reaktion, kein anerkennender Applaus, kein Laut der Enttäuschung über die Lippen. Diese Stille war ein lauter Schrei der Verzweiflung.

Zwei Wochen zuvor war der 16 Jahre alte Cihat Aktas während der Partie zwischen Besiktas und Cay Rizespor im Inönü-Stadion mit drei Messerstichen so schwer verletzt worden, dass er kurz darauf im Krankenhaus starb. Die Fassade der vom Verband so gerne proklamierten »Sicherheit in Fußballstadien« war von heute auf morgen eingestürzt. Es war Ende November 2004, und am Tag nach dem Drama titelte eine große türkische Zeitung: »Das ist die Türkei – erst muss jemand sterben, damit wir handeln.« Wieder einmal war der Aufschrei groß. Besonders im Zusammenhang mit der schier uferlos grassierenden Gewalt in den Stadien und der Verflechtung der Vereine und des Verbandes mit den einflussreichen Amigos, den mächtigen Führern in den Kurven, war das typisch.

Die Gewalt in türkischen Fußballstadien hat seit den 1980er Jahren extrem zugenommen. Die so genannten Amigos verstanden in den 1950er Jahren ihre Rolle noch als die einer moralischen Autorität zur Unterstützung der eigenen Spieler. Wie Orchesterchefs dirigierten sie die Gesänge und wirkten in prekären Situationen beruhigend auf die Fanmassen in den Stadien ein. Dabei gab es Persönlichkeiten, die fast so berühmt wurden wie die Spieler. Bei Galatasaray Istanbul zum Beispiel gelangte Amigo Sevki zu großer Berühmtheit. Bezeichnenderweise wurde Sevki »Karincaezmez« genannt, was frei übersetzt so viel heißt wie: »Der, der keiner Ameise etwas zuleide tun kann«. Ähnlich berühmt wurde in den 1960er und 1970er Jahren Orhan Erpek, ein Amigo von Eskisehirspor, der immer in der gleichen schwarzen Hose und dem gleichen roten Hemd zu den Spielen seines Klubs erschien. Amigo Orhan war der personifizierte 12. Mann, dem man zuschrieb, ein Publikum auch bei Rückständen so hinter die eigene Mannschaft bringen zu können, dass diese am Ende den Platz als Sieger verließ. Eskisehirspor schwang sich in den 1970er Jahren zum Angstgegner der großen Istanbuler Vereine Galatasaray, Fenerbahce und Besiktas auf, und Amigo Orhan war das Herz und die Stimme einer Kurve ohne Hierarchie. Orhan Erpek sah seinen Auftrag darin, den Ruhm seiner Stadt dadurch zu mehren, dass er den Fußballverein auf friedliche Art nach vorne peitschte. Die Gesänge waren damals noch weitgehend frei von Häme und Beleidigungen des Gegners. Kommerzielle Interessen oder das Einfordern von Privilegien waren Amigos wie Orhan fremd. Erpek war die Integrationsfigur der Fangemeinde von Eskisehirspor. Die Auswärtsfahrten glichen friedlichen Prozessionen der Fangemeinde aus der Stadt, die rund 200 Kilometer östlich von Istanbul entfernt liegt.

Solche Amigos gibt es heute nicht mehr. Allenfalls noch als Maskottchen, wie »Amigo Birol«, der Amigo der türkischen Nationalmannschaft. Ihn sieht man bei jedem Spiel der Milli Takim, ob in der Türkei oder sonstwo auf der Welt.

Der Wandel begann in den 1980er Jahren, als sich in Istanbul Stadtteilgruppierungen zu Fanklubs zusammenschlossen. Es gab nicht mehr den einen identitätsstiftenden Amigo, die Macht übernahmen die »Mahalle Abisi«, die großen Brüder der einzelnen Viertel. Sie werden auch ehrfurchtsvoll »Kabadayi« genannt. Das heißt so viel wie: der grobe Onkel. Einen Kabadayi hatte jedes Viertel. Zwischen 30 und 40 Jahre alt, genossen sie durch ihre aggressive Aura Narrenfreiheit. Der Kabadayi konnte besoffen und grölend durch die Straßen seines Viertels ziehen, ohne dass sich jemand an ihn herantraute. Fiel aber jemand anderes negativ auf, ob Viertelbewohner oder Fremder, wurde er vom groben Onkel und seinen Helfern zur Räson gebracht.

Dadurch, dass sich die Fans aus den jeweiligen Stadtteilen zu größeren Einheiten zusammenschlossen, wuchs auch deren Einfluss. Anders als die Amigos vom alten Schlage duldeten die groben Onkels keine gleichberechtigten Leute neben sich, und wer sich widersetzte, hatte einen ganzen Stadtteil gegen sich. Im gleichen Maße wie der Fußball Ende der 1980er Jahre kommerzialisiert wurde, machten auch die neuen Herrscher der Kurven aus ihrer Machtposition heraus ein Geschäft. Wer neu war und zu Auswärtsspielen mitfahren wollte, musste Schutzgelder zahlen, um im Falle einer Auseinandersetzung vor gegnerischen Fans verteidigt zu werden. Es entstanden richtige Fanarmeen, deren Generäle jede Möglichkeit nutzten, um an Geld zu kommen. Durch die große Anzahl von Mitgliedern mit gewaltbereitem Habitus gewannen sie im Laufe der Zeit immer mehr Einfluss in den Klubs. Nach und nach entstanden jene Privilegien, die bis heute die Macht der Amigos ausmachen. Sie bekommen Freikarten und Kartenkontingente von den Klubs, die sie auf dem Schwarzmarkt verkaufen können. Sie werden von den um Macht ringenden Funktionären eingekauft, um Stimmung gegen den jeweiligen Gegner des Funktionärs zu machen. In den 1980er Jahren entstand deshalb der Begriff von den »Söldnern der Funktionäre«. Mitunter versuchen Präsidiumsmitglieder einzelne Fangruppen für ihre Politik zu gewinnen, sei es durch das Verteilen von Freikarten oder sogar durch Geldzahlungen. So kommt es zwischen den Fans ein und desselben Vereins zu heftigen Auseinandersetzungen. Während des UEFA-Cup-Spiels von Fenerbahce gegen den holländischen Vertreter AZ Alkmaar schaukelten sich die Spannungen zwischen den beiden Fenerbahce-Fanklubs Esenler und GFB zu einer Massenschlägerei hoch. Entzündet hatte sich der Streit daran, dass GFB den Vereinspräsidenten Aziz Yildirim lautstark beleidigte und zum Rücktritt aufforderte, während Esenler Yildirim feierte. Drei Tage später beim Meisterschaftsspiel gegen Konyaspor konnten ähnliche Gewaltausbrüche nur vermieden werden, weil sich ein Massenaufgebot Polizeikräfte zwischen den in der gleichen Kurve stehenden Fangruppen platzierte.

Heute sind viele Fan-Gruppierungen so straff organisiert und so mächtig, dass die Klubs keine Möglichkeit mehr haben, diese zu bändigen. Zumal es so etwas wie Fanprojekte oder Sozialbereiter im türkischen Fußball nicht gibt. Wie viele Spiele in den türkischen Profiligen seit den 1970er Jahren unter Ausschluss der Öffentlichkeit stattgefunden haben, hat noch niemand gewagt zu zählen.

Der erste große Gewaltausbruch im türkischen Fußball ereignete sich am 17. September 1965. In Kayseri kam es während dem Zweitligaspiel Kayserispor gegen Sivasspor zu den schwersten Ausschreitungen in der türkischen Fußballgeschichte. Über 40 Tote und Hunderte Verletzte waren bei diesem Derby der beiden verfeindeten Nachbarstädte in Mittelanatolien zu beklagen. Kayseri, die nationalistisch geprägte Stadt, und das mehrheitlich von Alewiten, der muslimischen Minderheit im Land, bewohnte Sivas, leben in großer Rivalität. An diesem Tag entlud sich die Gewalt, und die Vorfälle von Kayseri waren zugleich der Beginn einer Welle von Gewalt in den Stadien. Zwei Jahre später kamen während des Spiels Kirikkalespor gegen Tarsu durch Schießereien und Schlägereien vier Menschen ums Leben, 40 wurden verletzt. In der Saison 1973/74 ereignete sich ein besonders bizarr anmutender Gewaltausbruch. Schon während des Spiels von Corumspor gegen Tokatspor kam es zu schlimmen Schlägereien unter den Fans. Der Mannschaftsbus von Tokatspor wurde anschließend von der örtlichen Polizei bis zur Stadtgrenze eskortiert. Dort blieben die Polizeiautos stehen, und der Fan-Mob aus Corum zertrümmerte mit Steinen den Bus der gegnerischen Mannschaft. Seitdem kam es beim Aufeinandertreffen beider Klubs jahrelang zu Steinwürfen zwischen den Anhängern. Die örtliche Polizei schaute jeweils zu. 1985 schließlich stürmten beim Spiel Orduspor gegen Trabzonspor heimische Fans den Platz und verprügelten die Spieler von Trabzon. Am letzten Spieltag der Zweitligasaison 1987 verpasste Konyaspor nur um zwei Tore den Aufstieg. Häuser wurden bei den anschließenden Krawallen vom enttäuschten Mob angezündet, das Polizeipräsidium angegriffen, Bushaltestellen, Autos und Telefonzellen demoliert und schließlich die örtliche Parteizentrale der Vaterlandspartei von Regierungschef Özal mit Steinen beworfen. Die Partei habe zu wenig Einfluss ausgeübt, damit der Heimatklub aufsteigt, lautete der Vorwurf aus Fankreisen. Die Polizei bekam die Situation nach Stunden erst mit Hilfe des Militärs in den Griff. 1991/92 schließlich wurde ein Besiktas-Fan von Galatasaray-Fans nach einem Derby zu Tode geprügelt. Der Mord an Cihat Aktas passierte also nicht aus heiterem Himmel. Aber warum sind bis heute türkische Fußballstadion keine sicheren Orte?

Der Versuch, die Macht der Amigos zu brechen, wurde nach dem Tod von Aktas halbherzig angegangen. Nicht wenige Akteure in den Klubs hatten entweder kein Interesse daran oder keine Möglichkeit mehr, die neuen Gesetze durchzusetzen, die zum Beispiel die Vergabe von Freikarten verboten. Den Amigos und ihren Gruppen die Fahrt zu den Auswärtsspielen zu bezahlen, war und ist trotz des nach Aktas' Tod eingeführten Verbots bei vielen türkischen Vereinen bis heute übliche Praxis. Als der damalige Präsident von Trabzonspor, Atay Aktug, die Bezahlung von Auswärtsfahrten einstellen wollte, wurde er daraufhin tätlich von einem Amigo angegriffen und brutal zusammengeschlagen. Ein Vorfall, der von der Öffentlichkeit irritierend gelassen hingenommen wurde.

Ohnehin ist es verwunderlich, über was alles hinweggeschaut wird. Schon seit Jahren ist es untersagt, volle Wasserflaschen in die Stadien mitzubringen, weil sie gefährliche Wurfgeschosse sein können. Bei Spielen von Besiktas aber wurde in der Saison 2004/2005 mehrfach beobachtet, wie per Flaschenzug von außen volle Wasserflaschen ins Stadioninnere gelangten. Außerdem ist es erstaunlich, wie viele Münzen entweder den gegnerischen Spielern oder aus Enttäuschung den eigenen Spielern in türkischen Stadien um die Ohren fliegen, obwohl auch das Mitbringen von Münzen schon lange untersagt ist.

Auch der Staat kündigte nach dem Tod von Aktas lautstark neue Vorkehrungen an. Eine »Stadion-Polizei« sollte geschaffen werden, eine Sicherheitstruppe, speziell zur Prävention von Gewalt. Es blieb bei der Ankündigung. Nicht selten sind die Sicherheitskräfte und Ordner ebenfalls mit den Amigos verbandelt oder durch die aufgeheizte Stimmung nicht mehr bereit, ihren eigentlichen Aufgaben nachzukommen. Dass auch die Sicherheitskräfte nicht automatisch Sicherheit garantieren, wissen nicht nur beispielsweise Schweizer Nationalspieler und deutsche U-21-Nationalspieler, die von Wachmännern Prügel einstecken mussten, nachdem sie die vermeintlich sicheren Kabinengänge erreicht hatten. Einem Ersatzspieler von Sivasspor wurde die Flucht in die Kabine vor aufgebrachten Zuschauern im Inönü-Stadion zum Verhängnis. Im Kabinengang brach ihm ein Sicherheitsbeamter das Nasenbein. Oft sind die Sicherheitsbeamten Fans des jeweiligen Klubs und im Geflecht von Amigos und Funktionären verstrickt.

Die Gewalt in den Stadien hat auch mit dem Rollenbild türkischer Männer zu tun, wie es die Soziologin Necla Kelek in ihrem Buch »Die verlorenen Söhne. Plädoyer für die Befreiung des türkisch-muslimischen Mannes« beschreibt. Gehorsam und Unterwerfung sind demnach die Grundpfeiler der familiären Strukturen und des Verhältnisses der Türken zu ihrem Staat. Nach außen manifestiert sich Männlichkeit im Zwang, Stärke zu zeigen, die auch in Gewalt umschlagen kann. Es gilt unter türkischen Männern als »ayip«, also als schändlich und als Eingeständnis von Schwäche, dem anderen nicht die Stirn zu bieten. Eine interessante These ist sicher, dass sich im Zuge der Kommerzialisierung das Verhältnis der Fans zu den Spielern und den Klubs verändert hat. Türkische Männer wollen nicht auf der Seite der Verlierer stehen, eine Niederlage wird stellvertretend als Verletzung der eigenen Ehre aufgefasst. Der Wissenschaftler Caner Giray aus Istanbul beschäftigt sich mit Fragen des Sport-Marketings und kommt zu dem verblüffenden Schluss: »Fußball wird in der Türkei nicht geliebt.« Es werde geliebt, ein Fan zu sein und auf der Seite des Gewinners zu stehen, so Giray in seinen provokanten Ausführungen. Weil das Gewinnen und nicht das gute Spiel so im Vordergrund stehe, freue sich niemand über ein gutes Spiel, wenn nicht gewonnen wird. In England feierten die Fans in der Regel die Mannschaft selbst nach deftigen Niederlagen. In der Türkei jedoch würden selbst schlechte Spiele mit einem glücklichen Ausgang gefeiert, als habe man die Meisterschaft gewonnen. Gewinnen, so Giray, steht im türkischen Fußball über allem. Diese Prämisse, verstärkt durch das Rollenbild türkischer Männer, prägt das Verhalten der Fans in den Stadien.

Eine der gängigsten Beleidigungen des Gegners im Fußballstadion ist das Wort »ibne«. »Ibne« ist das türkische Wort für schwul und leitet sich vom arabischen Wort »ibn« (der Sohn) ab und bedeutet wörtlich Söhnlein, also die Absenz von Männlichkeit – einen schlimmeren Vorwurf kann man einem türkischen Mann nicht machen.

2004 behauptete der Balletttänzer und Schauspieler Tan Sagtürk, es gebe mehr schwule Fußballer als schwule Balletttänzer. »Kann es das geben, schwule Fußballer?«, fragten die Zeitungen ebenso ungläubig wie in großen Buchstaben. Turgay Seren, Präsident der Vereinigung Professioneller Fußballer und ehedem Torwart der Nationalmannschaft, wollte Sagtürk vor Gericht ziehen, wenn dieser nicht die Namen nenne. Er könne nicht glauben, so Seren, dass es Spieler mit derlei »üblen Charakteristika« gebe. Galatasarays Nationalspieler Necati Ates wiederum meinte, Sagtürk müsse selbst schwul sein, sonst könnte er so nicht reden. Als lautstarker Eiferer wider Sagtürks Behauptung tat sich auch Tanju Colak hervor. »In all den Jahren habe ich keinen einzigen schwulen Spieler kennengelernt. Und würde ich einem begegnen, würde ich ihn sofort erkennen«, behauptete die ehemalige Stürmerlegende im Fernsehen. Gerade das Beispiel Colaks zeigt die Doppelmoral, mit welcher das Thema Homosexualität in der Türkei verhandelt wird. Der verheiratete Torjäger, einst wegen Autoschmuggels im Knast, hatte Jahre zuvor eine von den Klatschblättern des Landes gerne begleitete Affäre mit einer Schauspielerin. Sie tat Colaks Popularität keinen Abbruch, obwohl der Islam Ehebruch ebenso als Sünde ansieht wie Homosexualität. Doch Homosexualität ist nach wie vor ein Tabuthema. Schwule vermeiden es, sich offen zu ihrer Homosexualität zu bekennen. Es besteht Konsens, dass Schwulsein »ayip« ist – also schändlich. Der Publicity-erfahrene Tan Sagtürk aber fand einen eleganten Weg, sich aus der Affäre zu ziehen. Er sagte nach Tagen erregter Debatte, die schwulen Fußballer, die er kenne, seien keine Türken, sondern Franzosen. Damit war die Diskussion von heute auf morgen beendet. Oder nicht ganz: Einige Zeitungen druckten kurz darauf ein Bild des ehemaligen Besiktas-Spielers Pascal Nouma, auf dem zu sehen war, wie der Franzose einen Treffer gegen den Erzrivalen Fenerbahce feierte. Mit freiem Oberkörper winkte er in den Block der Fener-Fans, während er sich mit der linken Hand ans Geschlecht griff. Nouma schwul? Die Leser konnten sich ein Lachen nicht verkneifen, galt Nouma doch in seiner Zeit bei Besiktas als Frauenheld, der mehr Stunden in den Discos am Bosporus als auf dem Trainingsplatz verbrachte. »Disco-Nouma« musste seine obszöne Geste übrigens teuer bezahlen. Besiktas kündigte seinen Vertrag, und der türkische Fußballverband sperrte ihn sieben Monate wegen Verletzung der türkischen Werte- und Moralvorstellungen.

Dabei ist das Verhalten der Funktionäre ein Hauptgrund, warum sich immer mehr Menschen vom Fußball abwenden. Besonders vor Derbys lassen die Funktionäre jegliche Sensibilität vermissen und beginnen schon eine Woche vor dem Spiel mit verbalen Schmähungen des Gegners oder konstruieren Verschwörungstheorien, in deren Zentrum fast immer die Schiedsrichter stehen. Vor einem Derby Fenerbahce gegen Besiktas 2007 ging es um den Schiedsrichter Ismet Arzuman, der mit merkwürdigen Entscheidungen bei einem Pokalspiel von Besiktas gegen Kayseri den Stadtrivalen angeblich bevorteilt hatte. Daher sprach sich Fener auf seiner Homepage gegen die Nominierung Arzumans aus. Besiktas warf daraufhin Fenerbahce vor, nur Entschuldigungen zu suchen und die Entscheidung nicht auf dem Platz austragen zu wollen. Die Medien nahmen dieses Scharmützel dankend auf, und so fand das Spiel in einer aufgeheizten Stimmung statt. Am Ende gewann Fenerbahce 2:1, und Besiktas beschwerte sich, dass der Schiedsrichter Fenerbahce bevorteilt habe. Durch diese immer wieder aufkommenden Vorwürfe wird nicht nur die Stellung des Unparteiischen geschwächt. Auch die Stimmung in den Stadien wird durch das oft unsägliche Verhalten der Offiziellen zusätzlich vergiftet.

Der Psychologe Dr. Serdar Degirmencioglu untersuchte 2007 die Webseiten der Klubs und kam zu dem bitteren Ergebnis, dass sich fast auf allen Seiten Beleidigungen und Verunglimpfungen der Konkurrenz oder der Schiedsrichter finden. Fünf Punkte, die Top-Kategorie für eine friedliche Homepage, erreichte kein Verein. Nur Besiktas, Denizlispor, Diyarbakirspor, Kayseri Erciyesspor, Genclerbirligi, Kayserispor und Samsunspor kamen zumindest auf vier Punkte. Alle anderen Klubs auf nur drei und weniger. Um die Gewalt zu reduzieren, müssten die Klubs auf ihren eigenen Webseiten anfangen, forderte Dr. Degirmencioglu. Zuvor untersuchte der Psychologe schon die Seiten der Fanklubs und war schockiert darüber, wie offen dort zu Gewalt aufgerufen wird.

Der aggressive Grundton ist ein Grund dafür, dass die Zuschauerzahlen in der Süperlig seit Jahren rückläufig sind. Alarmierendes Beispiel dieses Trends war das erste Heimspiel von Galatasaray Istanbul nach einer fünf Spiele dauernden Zuschauersperre zu Beginn der Saison 2007/08.

Beim vorletzten Spiel der vorangegangenen Saison, einem Derby gegen Fenerbahce, war es zu einem massiven Ausbruch kollektiver Gewalt gekommen. Wie im Rausch rissen Galatasaray-Fans Sitze heraus und warfen diese und andere Gegenstände auf den Platz. Mehrere Randalierer wurden verhaftet, darunter einer der mittlerweile freigelassenen Mörder, die sieben Jahre zuvor die beiden Leeds-Fans erstachen. Hatten die Leeds-Täter nicht lebenslanges Stadionverbot? Zum ersten Spiel nach der Platzsperre, einem 3:2 gegen Genclerbirligi aus Ankara, kamen gerade einmal 8000 Zuschauer ins Ali Sami Yen Stadion.

Eine Untersuchung der Bahcesevir-Universität unter 747 Fans von Galatasaray, Besiktas and Fenerbahce in Istanbul im Februar 2007 kam zu einem paradoxen Ergebnis. Die Studie zeigte, dass die Zuschauerzahlen in den Stadien zwar zurückgehen, aber die Loyalität der Fans zum Klub gleich geblieben ist. Rund 46 Prozent der repräsentativ Befragten gehen nicht oder nicht mehr ins Stadion, obwohl sie nach wie vor Anhänger ihres Klubs sind. Weitere 35 Prozent gaben an, weniger als sechs Spiele im Jahr im Stadion zu schauen.

Die Gewalt in den Stadien ist eine Erklärung für den Zuschauerrückgang in der Süperlig, der seit dem Mord an Cihat Aktas im November 2004 zu beobachten ist. Der andere Grund ist, dass viele lieber zu Hause die Spiele gucken, was auch mit den hohen Eintrittspreisen zu tun hat. In den 1990er Jahren noch kostete eine Stehplatzkarte für die Spiele der »üc büyük« in Istanbul fünf Lira. Heute kostet die gleiche Karte 30 Lira, was umgerechnet rund 15 Euro sind. Und das sind die billigsten Tickets, eine Sitzplatzkarte auf der Haupttribüne des Ali Sami Yen von Galatasaray kostet bis zu 75 Lira. Viele Fußballfans, besonders aus den Gecekendus, den über Nacht gebauten Armenvierteln, können sich die Eintrittskarten nicht mehr leisten. Zumal die meisten türkischen Stadien nicht ganz überdacht sind und noch aus den 1970er Jahren stammen. Der allgemeine Verdruss und das durch die Gewalt entstandene schlechte Image des Fußballs hat die Opferbereitschaft der Fans überdies stark reduziert. Seit Jahren sieht man Fans nicht schon in der Nacht vor den Spielen in Schlangen auf die Öffnung der Kassenhäuschen warten. Nicht einmal vor Derbys der Istanbuler Großklubs.

Die Gewalt während der Istanbuler Derbys hielt sich bis in die 1970er Jahre in Grenzen. Doch durch das Aufkommen der organisierten Groß-Fanklubs unter der Führung der Amigos schlug die Rivalität dann oftmals in Gewalt um. In den 1970er und 1980er Jahren begann es, dass Fans unter der Woche Stammkneipen der gegnerischen Anhänger überfielen und kaputt schlugen. Für einen Amigo von Besiktas zum Beispiel war es fast unmöglich, tagsüber durch Kadiköy zu laufen, dem Viertel von Fenerbahce auf der asiatischen Seite, ohne verprügelt zu werden. Alen Makaryan, Anführer des legendären Besiktas-Fanklubs Carsi, der nach dem alten, überdachten Markt in Besiktas benannt ist, erinnert sich: »Wenn ich die Bagdad Caddesi in Kadiköy entlanglief, musste ich immer aufpassen, nicht erkannt zu werden.« Makaryan ist armenischer Herkunft und einer der Gründer von Carsi. Carsi gilt als links. »Wir haben die einzige Kurve der Türkei, in der Armenier neben Türken stehen können«, sagt Makaryan, ein kräftiger und einflussreicher Mann von Mitte 30. Carsi versteht sich als soziales Gewissen des türkischen Fußballs. 1993 schworen sich auf Initiative Makaryans die Amigos der großen Istanbuler Klubs, sich nie mehr zu schlagen. »Ich war damals 23 und noch nicht verheiratet«, erinnert er sich an den Schwur im Abbase Aga Park, der aber nicht lange hielt. »Meine Generation hatte gerade angefangen, sich eine Existenz aufzubauen. Da waren aggressive Verhaltensweisen unwürdig«, sagt Makaryan.

Jeden Spieltag marschieren die Carsi-Leute, die sich aus Arbeitern und Studenten zusammensetzen, vom Treffpunkt in der Kneipe Kazan in Besiktas und laufen den Weg ins Inönü-Stadion. Carsi wartet auch immer wieder mit politischen Aktionen auf. Als der ehemalige türkische Ministerpräsident Bülent Ecevit starb, wurde die Homepage von Carsi einen Tag lang geschwärzt. Carsi unterstützt Greenpeace, und als der Nobelpreisträger Orhan Pamuk in der ganzen Türkei von Nationalisten des Landesverrats bezichtigt wurde, sangen die Carsi-Anhänger Pamuks Namen im Stadion. Besonders spektakulär verlief eine Aktion nach dem so genannten Susurluk-Zwischenfall, als 1996 Verflechtungen der Mafia mit ultranationalistischen Kräften im Militär- und Staatsapparat öffentlich wurden. Mitglieder von Carsi protestierten damals gegen die Verflechtungen, indem sie das Flutlicht während eines Spiels im Inönü ausknipsten.

Doch mit der Gewalt ist das auch bei dem Klub mit dem Anarchisten-A im Logo so eine Sache. Immer wieder werden Stadionverbote gegen Mitglieder von Carsi ausgesprochen, weil sie verdächtig werden, in Gewalttaten verwickelt zu sein. Doch die betroffenen Mitglieder der 5000 Fans starken Vereinigung ignorieren die Verbote. Wie sie trotzdem ins Stadion gelangen? Einer von Carsi sagt: »Wer legt sich als Türsteher schon mit 5000 Leuten an?«

Im Namen der Väter

Hätte es geklappt, Emre hätte seine Familie verlassen und wäre zu seinem Onkel gezogen. »Der wohnt nicht weit von hier«, sagt Bilal Satici und zeigt die Straße hinunter. Bilal, ein Mann mittleren Alters mit freundlichen runden Gesichtszügen, ist dennoch nicht enttäuscht, er lacht. Er hat es immerhin probiert, niemand kann ihm einen Vorwurf machen. Schon gar nicht Emre, sein zehn Jahre alter Sohn. Dieser, versichert Bilal, sei ein riesengroßes Talent. Eigentlich war Familie Satici aus Hannover zum Urlaubmachen und um Verwandte zu besuchen in die Türkei gereist. Am letzten Tag aber wollte Bilal es dann doch versuchen und machte sich mit dem kleinen Emre auf den Weg hinaus nach Florya, der Villengegend im Westen von Istanbul, in der das Trainingszentrum von Galatasaray liegt. Emre sollte bei seinem und seines Vaters Herzensklub vorspielen und zeigen, wie flink er ist und wie gut er mit rechts und links schießen kann. »Da ist Hakan«, ruft der dünne Emre plötzlich, als er einen Blick in eine der Luxuslimousinen erhascht, die gerade das von Mauern und Sicherheitspersonal abgeschirmte Trainingsgelände verlassen. Es hat nicht geklappt, den Jungen aus Deutschland haben sie nicht hineingelassen – Emre durfte nicht vorspielen. Nun steht er nebenan im Fanshop, das Trikot seines Idols Hakan Sükür übergezogen, das sein Vater ihm gerade für umgerechnet 30 Euro gekauft hat. Emre strahlt. »Ich habe ihn gesehen«, sagt er. Immerhin.

Solche Geschichten kennt Erdal Keser zur Genüge. Er weiß um die Hoffnungen und Sehnsüchte junger türkischer Fußballer aus Deutschland und deren Väter. Im Alter von zwölf Jahren kam Keser mit seinen Eltern nach Hagen in Westfalen. Er hat geschafft, was dem kleinen Emre aus Hannover und so vielen anderen verwehrt geblieben ist. Keser bestritt als laufstarker Mittelfeldspieler 106 Erstligaspiele für Borussia Dortmund in der Bundesliga und später noch viel mehr für Galatasaray, bevor er zum Händler seines eigenen Traums wurde. Von 1998 bis Ende 2002 leitete Keser das Europabüro des türkischen Fußballverbandes in Dortmund. Senes Erzik, der damalige Präsident des türkischen Fußballverbandes, erkannte als Erster das große Potenzial, das in Europa für die türkischen Auswahlmannschaften brachlag, und beauftragte Keser mit dem Aufbau eines Scoutingsystems für türkischstämmige Nachwuchsfußballer in Deutschland. »Damals hatten wir in der Türkei viele Ballzauberer, aber nur mit Künstlern kannst du keinen Erfolg haben. Deshalb suchten wir vorwiegend Spieler mit Disziplin und guter taktischer Ausbildung. Wir mussten beide Kulturen vereinen«, erzählt Keser.

In allen Bundesländern Deutschlands wird seitdem in Seminaren von renommierten Trainern erklärt, welche Spieler man sucht. Bis zu acht Monate lang werden die Talente beobachtet, bevor sie zu einem Jahrgangslehrgang zusammengezogen werden, bei dem auch die Trainer der jeweiligen türkischen Nationalmannschaften vor Ort sind. »Drei bis vier Europäer haben es immer geschafft«, erinnert sich Keser. In der Nationalmannschaft, die 2002 mit dem dritten Platz bei der Weltmeisterschaft in Japan und Korea den größten Erfolg des türkischen Fußballs feierte, standen mit dem in Kempten geborenen Ilhan Mansiz, dem Mannheimer Ümit Davala und Yildiray Bastürk aus Herne drei vom Europabüro entdeckte Talente. Aufbauhelfer Keser hat den Job 2002 aber enttäuscht hingeworfen. »Für alles hat man eine Unterschrift aus Istanbul gebraucht«, erklärt er. Durch die überbordende Bürokratie, in der Türkei in allen Lebensbereichen ein Ärgernis, fühlte er sich in seinen Entscheidungen eingeengt und schmiss hin. Vom Einzimmerbüro in Dortmund ist das Europabüro längst umgezogen ins repräsentativere Köln. Kesers Nachfolger Metin Tekin blickt vom Fenster einer herrschaftlichen Altbauwohnung am Konrad-Adenauer-Ufer auf den Rhein. Zwischen 400 000 und 500 000 Euro jährlich lässt sich die Zentrale in Istanbul mittlerweile ihre Dependance in Europa kosten. Neben dem studierten Fußballlehrer Tekin, der einst Joachim Löw bei Fenerbahce und Leo Beenhakker bei Istanbulspor assistierte, führen Murat Gusinali und Fatma Öksüz die Geschäfte in Köln, 15 Honorartrainer arbeiten ihm in Deutschland, Holland, Belgien, Frankreich, England, den skandinavischen Ländern, Österreich und der Schweiz zu. Das Reservoir an Talenten ist riesig. Allein in Deutschland leben 2,5 Millionen türkischstämmige Menschen. Der Nachschub für die türkischen Nationalmannschaften reißt nicht ab. »In den letzten sieben Jahren haben wir für die türkischen Ländermannschaften etwa 100 Spieler aus Europa gesichtet«, berichtet Tekin stolz. Vier Spieler aus Europa etwa standen in der Anfangsformation der türkischen U-17, die 2005 Vierter bei Weltmeisterschaft in Peru wurde.

Auch Nuri Sahin war dabei, der 2005 als 16-Jähriger bei Borussia Dortmund in der Bundesliga debütierte. Bei der WM in Südamerika wurde er zum drittbesten Spieler gewählt, der FC Arsenal und der FC Chelsea aus der englischen Premier-League buhlten um den »interessantesten Spieler seiner Altersstufe weltweit«, wie Arsenals Trainer Arsène Wenger über den in Meinerzhagen im Sauerland aufgewachsenen Sahin sagte. Beim Rückflug aus Peru durfte Nuri damals neben dem türkischen Verbandspräsidenten Levent Bicakci sitzen und versprach ihm bei dieser Gelegenheit, auch künftig nur für die Türkei spielen zu wollen. Nuri spricht schlechter Türkisch als Deutsch, aber das machte nichts. Der an einem deutschen Elitegymnasium in Istanbul ausgebildete Bicakci, ein erfolgreicher Anwalt, spricht fließend Deutsch.

Talente mit mehreren Staatsbürgerschaften können die Nationaltrikots wechseln, bis sie 21 Jahre alt sind, mit einem Einsatz in einem Pflichtspiel der A-Nationalmannschaft aber erlischt diese Option. Nuri Sahin machte sein erstes Pflichtspiel für die Türkei in der EM-Qualifikation gegen Malta ein Jahr später. Nationaltrainer Fatih Terim setzte ihn ein paar Minuten ein. Seitdem fehlt der Junge mit dem großen Gefühl im linken Fuß im Aufgebot der A-Nationalmannschaft.

2005 galt Nuri Sahin als eines der größten Versprechen des internationalen Jugendfußballs. »Die türkische WM-Sensation«, schrieb die englische *Daily Mail* über den Kapitän des WM-Vierten. Wer damals von dem schmächtigen Kerlchen sprach, tat es in Superlativen: bester Spieler der U-16-EM, bester Spieler der U-17-EM, jüngster Bundesligaspieler und jüngster Bundesligatorschütze aller Zeiten. »Nuri ist unsere Zukunft, den verkaufen wir nicht«, sagte Dortmunds Vereinsboss Hans-Joachim Watzke damals. Heute ist Sahin an Feyenoord Rotterdam ausgeliehen, der Hype um Nuri ist vorbei. Nicht nur beim BVB, auch in der Nationalmannschaft spielt er keine Rolle mehr. Es blieb bei zwei Länderspielen, eins davon im November 2005 gegen Deutschland, wo er auch noch den Siegtreffer erzielte.

Bereits als Nuri 14 Jahre alt war, hatte Scout Metin Tekin das Talent bei einem Hallenturnier entdeckt, den Kontakt mit Nuris Familie gesucht und dem Deutschen Fußball Bund (DFB) so wieder einmal ein Talent vor der Nase weggeschnappt. »Wir sind oft einfach schneller«, sagt Tekin und lächelt. Doch das ist nur eine Facette der komplexen

Geschichte. Als 1998 der türkische Fußballverband sein Europabüro in Dortmund eröffnete, war der DFB in die Pläne der Türken eingeweiht. »Wir leben natürlich in einer Konkurrenzsituation«, sagt Michael Skibbe, der beim DFB als Nachwuchskoordinator aktiv war, bevor er 2005 beim Bundesligisten Bayer Leverkusen als Cheftrainer anheuerte. Als Skibbe im Fall Sahin aktiv wurde, war dessen Entscheidung längst gefallen. Dennoch ließ er bis zuletzt nichts unversucht, um Sahin für den DFB zu gewinnen. Kurz vor Sahins Debüt in der türkischen A-Nationalmannschaft bildete der ehemalige Trainer von Borussia Dortmund mit dem Talent eine Fahrgemeinschaft zu einer Veranstaltung in Münster. Ein interessantes Gespräch sei das damals gewesen, sagt Skibbe. »Ich habe Nuri versucht klarzumachen, dass er auch beim DFB willkommen ist.« Die Grenzen seiner Argumente aber waren schnell erreicht: »Auch bei Nuri spielten Gefühle eine große Rolle«, glaubt Skibbe. Im Buhlen um die türkischstämmigen Talente sieht der Trainer den DFB grundsätzlich im Nachteil. »Emotionen sind ein entscheidender Faktor«, sagt Skibbe, der es normal findet, dass sich die jungen Spieler eher zu dem Ursprungsland ihrer Eltern hingezogen fühlen. Dies sei auch kein Beleg für das Versagen der Integration. Metin Tekin sieht das anders. »In Deutschland wird Integration immer nur einseitig verlangt«, sagt der Chef des Kölner Europabüros. »Wer von den türkischstämmigen Spielern hat denn je langfristig den Sprung in die deutsche Nationalmannschaft geschafft?«, fragt Tekin und wartet die Antwort erst gar nicht ab. »Keiner«, sagt er schnell. Der 54-Jährige nennt etwa die beiden Spiele, die der ehemalige Uerdinger Mustafa Dogan Ende der 90er Jahre unter Erich Ribbeck im DFB-Trikot absolvierte (eins davon übrigens gegen die Türkei), »Alibieinsätze«.

Doch nicht immer ist die Gefühlslage der türkischstämmigen Talente so eindeutig wie bei Nuri Sahin. »Der nächste Nuri Sahin spielt für Deutschland«, vermutete der grüne Europaparlamentsabgeordnete Daniel Cohn-Bendit schon kurz nachdem Sahin in der türkischen Nationalmannschaft debütiert hatte. Serdar Tasci, 20 Jahre alter Abwehrspieler des VfB Stuttgart, entschied sich wirklich für die deutsche Nationalmannschaft. Auch bei ihm spielte der türkische Fußballverband die ganze Klaviatur seiner Möglichkeiten. Fatih Terim, der Trainer der türkischen A-Nationalmannschaft, rief mehrmals bei Tascis Eltern an. Doch Vater Tasci, ein Baggerführer aus Anatolien, verheiratet mit einer deutschen Lehrerin, ließ den Sohn allein entscheiden. »Ich fühle, ich rede und ich träume deutsch und habe nie in einem anderen Land gelebt«, erklärte Tasci schließlich, dessen Entscheidung selbst unumstößlich blieb, als der deutsche U-21-Trainer Dieter Eilts einen in der Türkei mit Verwunderung aufgenommenen Fauxpas beging. Eilts versäumte es, Tasci bei einem EM-Qualifikationsspiel einzuwechseln, denn damit hätte Tasci nie wieder für die Türkei auflaufen können. Schon kurz danach meldete sich Fatih Terim wieder bei den Tascis, doch konnte der Trainer Serdar erneut nicht umstimmen. »Ich spiele für Deutschland. Dabei bleibt es«, sagte Tasci, der mittlerweile deutscher Meister mit dem VfB Stuttgart geworden ist, und Einladungen von Bundestrainer Joachim Löw für die A-Nationalmannschaft erhielt.

Auch bei Halil Altintop war die Gefühlslage lange nicht eindeutig. Halil gehört mit seinem zehn Minuten älteren Zwillingsbruder Hamit zu den jüngsten vom Europabüro entdeckten Talenten, die den Sprung in die A-Nationalmannschaft geschafft haben. Halil schaffte in der Saison 2004/2005 den endgültigen Durchbruch zum Stammspieler beim 1. FC Kaiserslautern, bevor er nach Schalke wechselte und seitdem regelmäßig zum Kader der türkischen

Nationalmannschaft gehört. Der wuchtige Angreifer ist ein Prototyp des einst von Erdal Keser gesuchten Spielers. Halil bündelt das Beste aus beiden Welten und nutzt es für seinen eigenen Aufstieg: »Von den Deutschen habe ich die Disziplin und von den Türken das Herz«, sagt er. Dabei hätte er sich fast nicht für die Türkei entschieden, nachdem er lange kein Weiterkommen dort sah. Erst der einstige türkische U-21-Trainer Rasit Cetiner schenkte ihm Vertrauen, nachdem Hamit seinen Bruder Halil überredet hatte, nicht für Deutschland zu spielen. Heute teilen die beiden in Gelsenkirchen geborenen Söhne eines früh verstorbenen Gastarbeiters aus Malatya bei Länderspielen der Türkei das Zimmer.

In einem Interview mit der Wochenzeitung »Die Zeit« erklärten die beiden Altintop-Zwillinge 2006 ihre Entscheidung, für die Türkei zu spielen, und legten damit den Finger in die Wunde misslungener deutscher Integrationspolitik: »In Deutschland bleiben wir doch immer die Türken.«

Ein Identitätsproblem indes haben die in Deutschland geborenen Türken auch in der Türkei. Ein Phänomen, das in der deutschen Binnendiskussion um Integration übersehen wird. Im Türkischen gibt es den Ausdruck »Almancilar«, den man mit »Deutschländer« übersetzen könnte. Es ist eine eher abwertende Bezeichnung für die in Deutschland geborenen Türken. Die Konventionen und kulturellen Gegebenheiten in der Türkei sind für viele der in Deutschland Aufgewachsenen fremd, und willkommen sind die in Deutschland aufgewachsenen Söhne und Töchter türkischer Einwanderer im Land ihrer Sehnsucht auch nicht immer. Im Fußball zeigt sich das. Den Traum, einmal das Trikot eines der großen Istanbuler Vereine zu tragen, haben Tausende junger türkischstämmiger Fußballer, die Wochenende für Wochenende in deutschen Amateurligen dem Ball nachjagen. Viele von ihnen wechseln mit der vagen Aussicht auf die Erfüllung ihres Traumes in die zweite oder dritte türkische Profiliga. Oft von dubiosen Spielervermittlern vermittelt oder einfach nur, weil ein Onkel einen Freund irgendwo bei einem türkischen Klub kennt. Manche brechen in der Hoffnung, ein zweiter Ilhan Mansiz zu werden, die Schullaufbahn oder ihre Ausbildung ab. Meistens enden diese Abenteuer mit einer großen Enttäuschung. Auf zwischen 300 bis 400 Spieler beziffert das Europabüro in Köln die Zahl der Fußballer mit türkischer Herkunft, die in den letzten Jahren in die verschiedenen unterklassigen türkischen Profiligen gewechselt sind.

»Manche glauben, dort einfacher nach oben zu kommen. Türken gehen lieber den vermeintlich bequemen Weg. Dass man sich anstrengen muss und sich in einer völlig anderen Welt wiederfindet, verdrängen die meisten. Das ist typisch türkisch«, sagt Metin Tekin vom Europabüro. Die große Zahl im Ausland geborener Talente mit türkischem Pass, die in den unteren Profiligen der Türkei anheuern, hat aber noch andere Gründe. Ausländer sind unterhalb der Süperlig nicht erlaubt, und Jugendausbildung findet in den meisten türkischen Klubs nach wie vor nicht statt. Natürlich machen sich die türkischen Vereine die gute Ausbildung der Talente in Deutschland zunutze.

Hakan Matur ist ein gutes Beispiel dafür, wie eine solche deutsch-türkische Profikarriere verlaufen kann. Ein Samstag im November 2007, Landesliga Berlin. Hilalspor spielt 4:4, auch Hakan ist dabei. »Wir haben aber gute Chancen, in die Verbandsliga aufzusteigen«, sagt Hakan. Aber die Verbandsliga in Deutschland ist nicht Ziel des 24-Jährigen. Im nächsten Sommer, nach der Europameisterschaft 2008, will Hakan Matur wieder als Profi in der Türkei spielen. »Wenn's geht, sogar erste Liga«, sagt er. Aber erst einmal wolle er fit werden, sagt Matur und lächelt. Ein Jahr war er verletzt, Probleme am Knie und an der Leiste.

Etliche Kilo hat Matur zugenommen, aber optimistisch, dass es klappen wird, ist er trotzdem. Das Beispiel von seinem Freund Hakan Balta macht ihm Mut. Der ist vor dreieinhalb Jahren von den Amateuren von Hertha BSC Berlin zu Vestel Manisaspor gewechselt, später zum großen Galatasaray nach Istanbul, wo er Stammspieler geworden ist und den Sprung in die Nationalmannschaft geschafft hat. »Heute hat er wieder ein Tor für Galatasaray geschossen, genauso wie Ümit Karhan, auch ein Freund von mir«, sagt Matur. Hakan Matur träumt davon, ein zweiter Hakan Balta zu werden, ein zweiter Ilhan Mansiz, der in Deutschland nie über untere Ligen hinauskam, bevor er über die türkische zweite Liga zu Besiktas und in die Nationalmannschaft durchstartete und ein Held jener Nationalmannschaft wurde, die 2002 den dritten Platz bei der WM in Asien belegte. Hakan Matur ist, realistisch betrachtet, von einer solchen Karriere so weit weg wie Erzurum davon, die kulturelle Kapitale der Türkei zu werden. Aber die Hoffnung, dass es klappen könnte, ist stärker als die Realität. Hakan Matur versucht es schon ein zweites Mal, und dabei hat sein erster Versuch, in der Türkei als Profi Karriere zu machen, keine abschreckende Wirkung auf den Sohn von Mehmet Matur, den Integrationsbeauftragten des Berliner Fußball-Verbandes, der seit rund 25 Jahren als Mittler zwischen den Kulturen agiert und ehrenamtlich für den Berliner Vorzeigeklub Türkiyemspor arbeitet.

Als Hakan 20 Jahre alt war, schmiss er seine Lehre als Einzelhandelskaufmann, um ein Engagement beim türkischen Klub Göztepe aus Izmir anzunehmen. Der Vertrag kam kurios zustande. Der Erstligaabsteiger plante ein Trainingslager in Berlin, und der Schwager des Managers kannte Mehmet Matur, der bei der Organisation half. Hakan wurde zum Probetraining eingeladen und überzeugte. Ein paar Tage später zog Hakan Matur, der in Berlin-Tempelhof aufgewachsen ist, nach Izmir. Die Türkei kannte er nur aus dem Urlaub bei Verwandten, vom Innenleben einer türkischen Fußballmannschaft hatte er keine Ahnung. »Im Urlaub war ich für die Türken der ›blöde Deutsche‹ und in Deutschland war ich für die Deutschen ein ›Ausländer‹ oder der ›Scheiß Türke‹«, erinnert sich Matur.

In Izmir kam er in einen Verein, der sich im Abwärtsstrudel befand. In der Teamhierarchie fing er ganz unten an. Wie sich jemand in Mannschaften verhalten muss, der neu dazukommt, darüber herrschen in der Türkei genaue Vorstellungen. Matur musste den älteren Kollegen beim Essen oder beim Duschen den Vortritt lassen und sich um die schmutzige Kleidung der Mitspieler kümmern. Außerdem musste er die alteingesessenen Mitspieler mit der hochachtungsvollen Anrede »Abi« ansprechen. Das heißt »großer Bruder« und bekundet Respekt. »Ansonsten musste man die Klappe halten«, sagt Matur. Die Saison lief schlecht, und Göztepe stieg ab. Einmal gab es sogar Schläge von den Fans, nach einer Niederlage im Lokalderby gegen Karsiyaka. Matur war schon ausgewechselt und stand unter der Dusche, als einige Hundertschaften von Göztepe-Fans den Platz stürmten, um die eigenen Spieler zu versohlen. »Da kriegt man schon Angst«, gibt Matur zu. Er blieb nach dem Abstieg noch ein paar Monate, aber als das Geld nicht mehr bezahlt wurde, verließ er Izmir. Doch sein Traum lebte weiter, und auf Anraten seines Onkels unterschrieb er Ende 2005 einen Vertrag in Hatay, das etwa eine Autostunde von der syrischen Grenze liegt. Doch in der Provinz erschien ihm die Zeit in Izmir geradezu als das Paradies auf Erden. »Das war wirklich ein Kulturschock«, gibt Matur zu. Nicht nur wegen der viel rigideren Moralvorstellungen kam es zu Problemen. »Das Verhalten der türkischen Profis dort war wirklich enttäuschend«, sagt Matur. Immer wieder wurde er gefragt, was er hier wolle, in Deutschland müsse man das Geld doch nur von der Straße aufheben. »Du nimmst uns die Arbeitsplätze weg«, musste er sich ständig anhören. Vom Trainer oder den Vereinsoberen griff niemand schützend ein. Der Trainer schaute auch weg, als ein Türke einem Kollegen aus Stuttgart den Ohrring aus dem Ohr riss. In Izmir konnte man lange Haare und Ohrringe tragen, aber in Hatay war das eine Provokation. Wer dort so herumläuft, dem eilt schnell der Ruf hinterher, »ibne«, also schwul, zu sein. Die Trainingsbedingungen waren miserabel, und die Unterbringung war es nicht minder. Das versprochene Geld ist nie ausbezahlt worden. »Wer sich bei dem Präsidenten oder Manager dann darüber beschwert, hört nur ein ›Verpiss dich‹«, erzählt Matur. Nach ein paar Monaten hatte er die Nase voll und kehrte nach Berlin zurück. Knapp zwei Jahre später will er einen neuen Anlauf nehmen.

Ganz andere Erfahrungen machen diejenigen, die bei den großen Klubs erfolgreich sind. »Am Anfang ist es schwer, aber wenn man sich sportlich durchgesetzt hat, dann ist der Zusammenhalt größer als in deutschen Mannschaften«, berichtet Deniz Baris von Fenerbahce Istanbul. Baris, der in der Türkei geboren ist, aber seine gesamte Jugend in Deutschland verbracht hat, kam 2002 zu Genclerbirligi nach Ankara, wechselte zwei Jahre später zu Fenerbahce und wurde Nationalspieler. In Deutschland war er bei St. Pauli nie über die zweite Liga hinausgekommen. Mittlerweile ist er Kapitän von Fenerbahce unter Trainer Zico aus Brasilien. Doch anders als Matur kamen die bereits im deutschen Profifußball etablierten Almancilar wie Ali Günes (aus Freiburg zu Fenerbahce und später zu Besiktas) oder Mustafa Dogan (aus Uerdingen zu Fenerbahce und aus Köln zu Besiktas) in die Metropole Istanbul und in Mannschaften, die es schon gewohnt waren, mit »Ausländern« zu spielen.

Gül Keskinler kennt Geschichten wie die von Hakan Matur zur Genüge. Seit Dezember 2006 ist die 44-jährige Kölnerin Integrationsbeauftragte des DFB. Keskinler brachte gemeinsam mit dem türkischen Fußballverband erstmals eine Kampagne auf den Weg, mit der türkische Familien vor den Gefahren eines Wechsels ihrer Söhne zu einem türkischen Fußballklub gewarnt werden sollen. Das zentrale Problem macht Keskinler in der fehlenden Jugendausbildung in den türkischen Vereinen aus. »Warum«, fragt die CDU-Politikerin, die kein stimmberechtigtes Mitglied im DFB-Präsidium ist, in dem Magazin *11 Freunde*, »muss ein Volk mit über 70 Millionen Einwohnern bei 2,5 Millionen Deutsch-Türken nach Talenten suchen, statt sich selbst um die Nachwuchsarbeit zu kümmern?«

»Die türkischen Klubs machen einen Fehler, wenn sie in der Türkei weiter so ihre Nachwuchsarbeit vernachlässigen«, sagt Metin Tekin vom Europabüro. Fenerbahce Istanbul hat dieses Problem erkannt und 2005 erstmals einen ausländischen Trainer für die Nachwuchsarbeit verpflichtet. Der Holländer Joop Lensen überzeugte Fenerbahces Präsident Aziz Yildirim mit einem klaren Konzept. Für die Aussicht, den »schlafenden Riesen Fenerbahce« (Lensen) mit Talenten zu versorgen, ließ er einen lukrativen Vertrag bei AZ Alkmaar sausen. Als Co-Trainer der niederländischen Nationalmannschaft, die 1988 unter Chefcoach Rinus Michels Europameister wurde, verfügt Lensen über eine hervorragende Reputation. Innerhalb weniger Wochen löste er die alten Strukturen der Nachwuchsarbeit von Fener auf. »Jeder von euch kann mir beweisen, was er dem Verein bringt. Wer das nicht kann, ist draußen«, sagte Lensen kurz nach seiner Ankunft den Jugendtrainern, Betreuern, Masseuren und Scouts. Die Bestandsaufnahme, die Lensen in seinem Büro im hochmodernen Nachwuchszentrum von Fenerbahce im Stadtteil Kiziltoprak gemacht hatte, fiel ernüchternd aus. Fenerbahce unterhielt damals 71 Nachwuchszentren in der ganzen Türkei, doch viele der Leiter bereicherten sich, machten aus der Sichtung der Talente ein Geschäft. Ohne das Wissen der Zentrale in Istanbul verlangten sie von den Familien Wucherpreise dafür, dass ihr Sohn am Stützpunkt vom ruhmreichen Fenerbahce Spor Kulübü trainieren durfte. Bis zu 70 türkische Lira, umgerechnet rund 40 Euro, sollten sie bezahlen. Das ist in manchen Gegenden der Türkei ein Drittel des Durchschnittseinkommens. Das Geld steckten die Fener-Scouts in die eigenen Taschen. Lensen schaffte die Gebühren zur Teilnahme am Stützpunkttraining ab. »Gerade in den armen Bevölkerungsteilen schlummern die größten Talente, die so ausgeschlossen wurden«, erklärte er.

In der Türkei bedeutet der Fußball noch immer eine der wenigen Chancen zum sozialen Aufstieg. Nach einer Studie vom Oktober 2007 leben 25 Prozent der bis zu 15-jährigen Türken unterhalb der Armutsgrenze, vor allem im wirtschaftlich vernachlässigten Südosten, der mehrheitlich von Kurden bewohnt wird. Es sei bedauerlich, dass zahlreiche hochtalentierte Nachwuchsleute, die durch den Fußball den ärmlichen Verhältnissen entfliehen wollen, nicht erkannt und gefördert würden, konstatierte der damalige Cheftrainer von Fenerbahce, Christoph Daum. Dem türkischen Fußballverband ließ Daum ein 21-seitiges Konzept zukommen, in dem er skizzierte, wie man die Nachwuchsarbeit verbessern könnte. Es reichte von Vorschlägen einer Professionalisierung der Trainerausbildung bis hin zur Einführung moderner Trainingsinhalte. Völlig umsonst sei seine Mühe gewesen, musste Daum einräumen: »Alles mit mehr als zwei Seiten hat schlechte Chancen, gelesen zu werden.« Aber weiterhin steht für ihn fest: »Die Türkei hat neben Brasilien das größte Reservoir an Talenten.«

Joop Lensen schuf bei Fenerbahce eine neue Sichtungsstruktur, teilte das Land in sieben Regionen ein und installierte dort Jugendtrainer und Scouts seines Vertrauens. Die Leitung des luxuriösen Nachwuchsinternats mit 36 Betten auf dem Trainingsgelände in Kiziltoprak, direkt am Marmarameer, übernahm Alex Pastoor, ein ehemaliger Profi und Landsmann Lensens, der zudem Trainer der U-18-Mannschaft von Fenerbahce wurde. Doch es gab aus Lensens Sicht noch andere gravierende Hemmnisse. Die Macht der Trainer und Leiter der Stützpunkte verhinderte ein Miteinander von Ausbildern und Auszubildenden. »Als Erstes habe ich die Egomanie der Trainer brechen müssen. Sie haben nie mit den Jugendlichen gesprochen, sondern nur ihre Macht demonstriert«, beobachtete Lensen damals.

Der Versuch Fenerbahces, mit Joop Lensen die Jugendarbeit zu erneuern, ist gescheitert. Nach zwei Jahren wurde der Vertrag des Holländers und seiner Mitstreiter von Präsident Aziz Yildirim nicht verlängert. Zu wenig Talente für die erste Mannschaft hätten sie herausgebracht. Unmut an der Basis und in den Medien ließ Yildirim schließlich das Experiment mit dem ersten Ausländer als verantwortlicher Jugendausbilder in der Türkei beenden.

Türkiyemspor: »Ein deutscher Verein mit türkischem Namen«

Der Regen prasselt unaufhörlich auf die Regenschirme der vielleicht 40 Unentwegten, die an diesem tristen Januartag den Weg auf diese Bezirkssportanlage in Berlin gefunden haben. Nass werden sie trotzdem, der Wind treibt die Regentropfen auf Hosen und Schuhe. Auf dem Kunstrasenplatz im Berliner Bezirk Tempelhof üben Türkiyemspor und Hilalspor für die Rückrunde. Beide Vereine wollen aufsteigen, Hilalspor in die Verbandsliga, Türkiyemspor in die Regionalliga, die nach Einführung der neuen dritten Liga ab der Saison 2008/09 die vierte Liga sein wird. Lizenzierungsauflagen müssen die Regionalligavereine trotzdem erfüllen. Für Türkiyemspor bedeuten die Auflagen des Deutschen Fußball Bundes (DFB) hohe Hürden. Ümit Ünsal soll sich federführend für Türkiyemspor darum bemühen, diese zu überspringen. Der kleine Mann mit Bart und Brille hat Erfahrung. Schon einmal betreute er erfolgreich ein Lizenzierungsverfahren, vor ein paar Jahren für den SV Yesilyurt. Doch der Klub, den es nicht mehr gibt und für den Ünsal über 16 Jahre im Vorstand tätig war, schaffte dann sportlich den Aufstieg nicht. Trotz aller Bedenken hat Ünsal die Hoffnung, dem Kreuzberger Klub Türkiyemspor zumindest auf dem Papier die Tür zur vierten Liga zu öffnen. »Vielleicht«, sagt Ünsal vorsichtig, »wäre der Aufstieg von Türkiyemspor das eine Mosaiksteinchen, das man braucht, damit wieder so ein Bild entstehen kann wie damals.«

Damals gingen die 1980er Jahre dem Ende zu. Türkiyemspor stand mehrmals kurz vor dem Aufstieg in die zweite

Bundesliga. Bei Heimspielen war das Kreuzberger Katzbachstadion mit mehreren tausend Zuschauern gefüllt. In der Saison 1987/88 kamen zum Derby gegen Hertha BSC 12 000 Zuschauer. Türkiyemspor war hinter Hertha und Tennis Borussia Berlin kurz vor bis kurz nach dem Fall der Mauer die dritte Kraft im Berliner Fußball und wirkte identitätsstiftend für die türkischstämmige Bevölkerung. »Doch das ist vorbei«, sagt Ünsal, »nur ein Aufstieg könnte helfen, dieses Gemeinschaftsgefühl wieder zurückzuholen.« Aber der Journalist, der in Berlin Publizistik studierte und die Anfangszeit von Türkiyemspor für das türkische Massenblatt *Hürriyet* journalistisch begleitete, ist skeptisch. Ob tatsächlich ein Gefühl wie damals entstehen könnte? Ünsal zweifelt daran: »Gewissheit habe ich nicht.«

Dabei hat Türkiyemspor gerade den größten Erfolg seiner Vereinsgeschichte gefeiert. Jedenfalls in den Augen vieler Mitglieder. Anfang Januar 2008 wurde der Klub in Sindelfingen mit dem Integrationspreis des Deutschen Fußball Bundes (DFB) ausgezeichnet. Als erster Klub überhaupt bekam Türkiyemspor für seine Verdienste diese Auszeichnung. Nationalmannschaftsmanager Oliver Bierhoff überreichte dem Vorsitzenden Celal Bingöl die Medaille und die Schlüssel für einen 30 000 Euro teuren Mercedes-Bus mit neun Sitzen, auf dem »Deutscher Integrationspreis« steht. Die großen überregionalen deutschen Zeitungen berichteten, und die Deutschland-Ausgabe von *Hürriyet* schrieb anerkennend: »Preis für den Dialog der Kulturen.« Auch Fikret Caylan ist stolz. »Das ist der Höhepunkt der Vereinsgeschichte und wichtiger als jeder Aufstieg in den Profifußball«, sagt Caylan. Er ist Manager der ersten Mannschaft, und wenn jemand ihm gegenüber Türkiyemspor einen türkischen Verein oder einen Migrantenverein nennt, wird der Unternehmer mit dem Dreitagebart schnell böse: »Wir sind ein deutscher, ein Berliner Verein mit einem türkischen Namen«, sagt Caylan. »Dieser Preis ist für alle Berliner Vereine, ob mit deutschen oder türkischen Namen.« Es wirkt nicht gönnerhaft oder überheblich, wenn er dies sagt.

Die Verantwortlichen von Türkiyemspor überlegen, den neuen Bus auch an andere Klubs zu verleihen. Als sie vom DFB gefragt wurden, ob sie lieber das Geld oder den Transporter mitnehmen wollen, haben die Verantwortlichen nur kurz gelacht und die Schlüssel eingesteckt. Rund 300 Jugendliche trainieren in 17 Jugendmannschaften, auch eine Mädchen- und eine Frauenmannschaft gibt es. Dabei ist bei dem Kreuzberger Kiezklub seit der Gründung 1978 fast alles Improvisation geblieben. Seit 30 Jahren haben sie keinen eigenen Trainingsplatz. »Ich weiß manchmal morgens nicht, wo wir am Abend trainieren«, sagt Caylan. Mittlerweile trainieren sie sogar in Hohenschönhausen, im Osten der Stadt, weit entfernt vom Heimatkiez Kreuzberg, auf dem Trainingsgelände des Ligakonkurrenten BFC Dynamo. »Eigentlich ist das ein Witz, manchmal rennen wir sogar auf der Straße, um uns Ausdauer zu holen«, erzählt Thomas Herbst, der Trainer von Türkiyemspor. In Kreuzberg gibt es zu viele Klubs und zu wenig Sportplätze.

Dennoch verlief der Aufstieg des Klubs rasant. Innerhalb von ein paar Jahren marschierte Türkiyemspor von der C-Klasse bis in die Oberliga durch und einte die türkische Migranten-Gemeinde hinter sich. »Türkiyem« heißt übersetzt »meine Türkei«, und für viele türkischstämmige Migranten wurde Türkiyemspor Heimat und Ersatzfamilie. Auch für Mehmet Matur, der seit 1985 mit seinen Kumpels zu den Spielen von Türkiyemspor geht. Damals hieß der Verein noch Izmirspor, erst 1987 benannte er sich in Türkiyemspor um. Matur kam 1970 als Zehnjähriger mit seinen Eltern nach Köln, musste 1977 mit der Familie in die Türkei zurückgehen, bevor er 1980 wieder nach Deutschland kam – gegen den Widerstand seines Vaters. In Kirn heiratete er seine heutige Frau, zusammen zogen die beiden 1983 weiter nach Berlin, wo Maturs Bruder lebte. »Zu Türkiyemspor kamen wir, weil es bei den Spielen dort kaum Krach gab. Es war eher eine Feier, was um die Spiele herum mit dem Verein passierte. Das hat mir von Anfang an imponiert.« Mehmet Matur war auch dabei, als Türkiyemspor den Integrationspreis in Sindelfingen überreicht bekam. Seit zwei Jahren ist er Integrationsbeauftragter des Berliner Verbandes und sagt: »So eine Ehrung gibt schon Auftrieb, einen Schub, weiterzumachen.«

In der außergewöhnlichen Geschichte Türkiyemspors hat auch Matur seinen Platz als Jugendleiter und Präsidiumsmitglied. »Türkiyemspor war immer schon ein integrativer Verein mit einem sozialen Anspruch«, sagt Matur. Alle Schichten türkischer Einwanderer trafen sich in der Admiralstraße in Kreuzberg, wo der Klub heute noch seine kleine Geschäftsstelle hat, die freilich eher ein typisches kleines Teehaus ist. Türkiyemspor vereinte Studenten, Arbeiter, Gebildete und Ungebildete. »Neuankömmlingen wurde bei Behördengängen geholfen oder bei der Übersetzung der Post. So haben viele im Verein den Bezug zu ihrer Heimat behalten«, erzählt Matur. Als der sportliche Erfolg hinzukam und Türkiyemspor mehrmals vor dem Aufstieg in den Profifußball stand, erfüllte der Klub symbolisch für die türkischen Migranten eine Erfolgsgeschichte. »Die Türken fühlten sich in Deutschland nie willkommen«, meint Matur. »Früher sprach man erst von Gastarbeitern, dann von Ausländern. Erst heute spricht man von Migranten. Allein an der Wortwahl erkennt man die Ausgrenzung, die bei vielen Türken ein Minderwertigkeitsgefühl hat entstehen lassen.« Aber Türkiyemspor wurde zur beispielhaften Erfolgsgeschichte. In der großen Zeit rannten die Leute dem Klub die Bude ein. Auch zu Auswärtsspielen begleiteten die Mannschaft viele Fans. Stolz trugen die Anhänger des Klubs Schals, auf denen zu lesen stand: »Futbolun irki yoktur« – Fußball hat keine Rasse. Mehmet Matur erinnert sich: »Wir waren alle fasziniert von der Leistung der Spieler. Wir haben damals extra die Schichten mit deutschen Kollegen getauscht, um die Spiele von Türkiyemspor sehen zu können.« Viele engagierten sich ehrenamtlich, stellten sich als Ordner zu Verfügung, verkauften Tickets, halfen nach den Spielen aufzuräumen oder in der Jugendarbeit.

»Bei Türkiyemspor herrschte damals eine richtige Fußballatmosphäre, es waren immer über 1000 Zuschauer bei den Spielen. Das war für Berliner Verhältnisse ungewöhnlich. Selbst bei den Gegnern herrschte Vorfreude auf die Spiele«, erinnert sich Thomas Herbst, der damals als Spieler und Trainer für den Klub aktiv war. Der Klub wirkte auf Spieler vieler Nationen anziehend. »Türkiyemspor war nie ein rein türkischer Verein, mehr ein multikultureller Verein«, sagt Herbst. Schon damals spielten neben dem ehemaligen Bundesligaprofi mit den Stationen Hertha Berlin, Bayern München, Eintracht Braunschweig und Borussia Mönchengladbach Akteure aus vielen Ländern. Der Deutsche Michael Fuß wurde sogar so heimisch, dass er einen türkischen Namen annahm und sich Mert nannte.

Neben Herbst wurden Exprofis wie Ulrich Borowka oder Wolfgang Sandhowe Trainer des Klubs. Als unselig erwies sich aber die Verpflichtung des Polen Piotr Podkowik im Jahre 1990. Der Berliner Fußballverband erteilte ihm zwar die Freigabe, das Sportgericht aber entschied später auf Intervention des abgebenden Vereins, dass die Freigabe unrechtmäßig war. Eine Entscheidung, die Türkiyemspor schließlich den Aufstieg in die zweite Bundesliga kostete. Sieben Spiele hatte Podkowik für Türkiyemspor bestritten. Drei davon mussten wiederholt werden. Die Wiederholungsspiele fanden im März und im April 1991 statt. Zwar gewann Türkiyemspor alle Spiele und eroberte sich die Tabellenführung zurück, aber die zusätzliche Belastung forderte in der entscheidenden Phase der Meisterschaft bei den Spielern körperlichen Tribut, denn die anschließenden Spiele wurden verloren. Am 1. Mai 1991 kam es schließlich vor 8000 Zuschauern zum Endspiel gegen Tennis Borussia, ein Remis hätte Türkiyemspor zum Aufstieg gereicht. Die ausgelaugte Mannschaft verlor das Spiel jedoch mit 0:5. In der türkischen Community herrschte wegen des umstrittenen Urteils des Sportgerichts Wut und Verzweiflung. »Der Tenor damals war: die wollen uns nicht«, erinnert sich Mehmet Matur.

Dabei hatte der DFB mit einer »Lex Türkiyemspor« den rechtlichen Rahmen dafür geschaffen, dass bei einem Aufstieg die Mannschaft, in der neben den türkischstämmigen Aktiven auch griechische, jugoslawische oder englische Akteure spielten, nicht an der Ausländerregelung hätte scheitern müssen. Der seltsame rechtliche Begriff des »Fußballdeutschen« wurde entwickelt. Fußballdeutscher durfte sich nach dieser Regelung nennen, wer drei Jahre im deutschen Jugendfußball gemeldet war. Auf die meisten Söhne und Enkel der Migranten traf dies zu. Die Regelung wurde auch deshalb notwendig, weil nicht nur Türkiyemspor auf dem Weg in den Profifußball war. In der Bayernliga war damals Türk Gücü München mehrmals drauf und dran, in die zweite Liga aufzusteigen.

Der verpasste Aufstieg 1991 und seine Begleitumstände bedeuteten einen herben Rückschlag für Türkiyemspor. Die Aussicht, nicht im deutschen Profifußball gewollt zu sein, verfestigte sich, und sportlich erreichte die Mannschaft nie wieder die einstige Klasse. Zwar gelang 1994 die Qualifikation für die neue, viergleisige Regionalliga, aber ein Jahr später stieg Türkiyemspor in die Oberliga ab und drei Jahre darauf gar in die Verbandsliga. Erst im Jahr 2000 gelang die Rückkehr in die Oberliga, der der Klub seitdem angehört. Doch die Zuschauerzahlen sind schon lange geschrumpft. Nur noch 100 oder 200 Leute kommen zu den Spielen Türkiyemspors ins Katzbachstadion. »Erfolg spielt in türkischen Vereinen eine noch größere Rolle als in deutschen«, weiß Thomas Herbst aus langer Erfahrung mit türkischen Fußballern und Klubs. Doch die sportliche Talfahrt allein erklärt den großen Zuschauerschwund nicht.

Mitte der 1990er Jahre gab es sechs Migrantenklubs mit türkischem Hintergrund in Berlin. Nach dem Abstieg von Türkiyemspor gab es eine Welle von Neugründungen mit dem Ziel, dem Erfolg des Klubs nachzueifern. Mittlerweile gibt es 26 Migrantenklubs in Berlin mit türkischem Hintergrund. Die Gründer der neuen Vereine waren mitunter Fans oder Funktionäre Türkiyemspors und haben dem Klub auch seine starke Mitgliederbasis entzogen. Früher hatte Türkiyemspor knapp 2500 Mitglieder, heute sind es noch 200. Entscheidend für den Zuschauerrückgang auch bei den anderen etablierten türkischen Migrantenklubs war die Kommerzialisierung des Fußballs in der Türkei. »Es gab einen TV-Boom und einen Boom beim Verkauf von Satellitenschüsseln an türkische Migranten in Deutschland«, erzählt Mehmet Matur. Wenn Türkiyemspor sonntagnachmittags um Punkte in der Oberliga spielt, laufen auch die Spiele der Süperlig. Viele Fans bleiben dann zu Hause oder gehen ins Teehaus und fiebern via TV lieber mit Fenerbahce, Besiktas oder Galatasaray. »Die Marktdurchdringung der üc büyük, der drei großen Klubs aus Istanbul, in Deutschland macht den türkischen Migrantenklubs hier viel zu schaffen«, glaubt auch Ümit Ünsal. Nicht nur das Fernsehen, auch die Ableger der türkischen Presse in Deutschland berichten groß über die Vorgänge im Fußball der Heimat. Dadurch wird auch bei vielen türkischen Talenten in Deutschland der Wunsch geweckt, es als Fußballer in der Türkei zu probieren, so Ünsal.

Fenerbahce ist in Berlin mit Shops der eigenen Marke Fenerium vertreten und verkauft dort Fanartikel.

Die Versuche deutscher Bundesligisten, nennenswert mehr türkische Zuschauer durch die Verpflichtung eines türkischen Nationalspielers ins Stadion zu locken, sind gescheitert. »Sie strengen sich nicht genug oder nur halbherzig an, wie Hertha BSC Berlin nach der Verpflichtung von Yildiray Bastürk«, sagt Mehmet Matur. Bastürk kam nie zum Spiel eines türkischen Migrantenklubs und nur selten zu Autogrammstunden in die Bezirke mit großer türkischer Einwohnerzahl. Matur hat sich mit Hertha-Manager Dieter Hoeneß getroffen und auch mit der Marketingabteilung des Bundesligisten, »aber vieles, was wir vorgeschlagen haben, wurde nicht umgesetzt«.

Die türkischen Erstligaklubs versuchen aber nicht nur ihre Merchandisingumsätze zu steigern, sie wollten in der Vergangenheit schon des Öfteren in Deutschland Farmteams aufbauen, um Talente für die erste Mannschaft zu scouten. Das aufsehenerregendste Beispiel ereignete sich vor der Saison 2006/07, als der Oberligaverein Berliner Athletik Klub 07 aus dem Wedding plötzlich Berlin Ankaraspor Kulübü hieß. Der türkische Erstligist Ankaraspor hatte sich eingekauft, das Vereinswappen zierte ein blau-weißer Leopard, wie beim großen Bruderverein. Dessen Präsident heißt Melih Gökcek, und der AKP-Politiker installierte seinen Sohn Ahmet als Vorstand beim BAK. Der Verein warf mit Geld um sich, teure Spieler wurden verpflichtet und Thomas Herbst als Trainer verpflichtet. Woher das Geld kam, wusste niemand. Da Ankaraspor aber der Gemeinde Ankara gehört, vermuten türkische Journalisten, dass Steuergelder mit dem Ziel verwendet wurden, den Berliner Bruderklub möglichst schnell in die Zweite Liga zu hieven. Mit Ahmet Gökcek kamen noch vier andere Präsidiumsmitglieder, die aber kaum im Land zu sehen waren. »Es gab immer Unruhe«, erinnert sich Thomas Herbst. In der Winterpause zog Ankaraspor sechs Spieler vom BAK in die Türkei ab, zwei für die Erstligamannschaft, vier für die Farmteams im Land. Nicht nur das dubiose Finanzgebaren der Herren aus Ankara war dem Berliner Fußballverband ein Dorn im Auge. »Es kann doch nicht Zweck sein, dass ein deutscher Klub von Türken übernommen wird, um für sich Spieler zu gewinnen«, sagt Bernd Schultz, der Vorsitzende des Berliner Fußballverbandes. Als am Ende der Saison die Mitglieder mehr Transparenz verlangten, zogen sich die Herrscher aus Ankara wieder zurück. Schätzungen sprechen von 500 000 Euro, die in dieser Saison aus Ankara in den Kiez-Klub vom Wedding geflossen seien. »Die Zusammenarbeit zwischen den Leuten aus Ankara und den Leuten hier war schwierig, aber das Geld kam immer pünktlich«, erinnert sich Thomas Herbst.

»Ein großes Problem der türkischen Migrantenklubs ist, dass rasend schnell die Vorstände wechseln. Ich mache mir mittlerweile kaum noch die Mühe, die Namen zu merken, so schnell geht das«, behauptet Bernd Schultz vom BFV. Auch wenn keine Feindschaft unter den türkischen Migrantenklubs in Berlin herrscht, weder aus religiösen noch aus ethnischen Gründen, wie Mehmet Matur versichert, so scheiterte in der Vergangenheit dennoch der Versuch, die Kräfte zu bündeln. »Dabei ist das Potenzial für einen Klub da, der in der Dritten Liga bestehen könnte«, glaubt Matur. Doch wie in der Heimat setzt vor allem die Uneinigkeit in Machtfragen den Fusionsgedanken schnell ein Ende. Allein an der Frage, wer Präsident sein solle, scheiterten zuletzt die Verhandlungen zwischen Türkiyemspor, Yesilyurt und AK 07. »Macht zu teilen, ist nicht besonders türkisch«, meint Matur.

In der Hochzeit Türkiyemspors spielten mit Yesilyurt und Türkspor, dem 1965 ersten in Europa gegründeten türkischen Migrantenverein, drei Klubs in der höchsten Amateurliga. Die sportlichen Erfolge sorgten aber nicht automatisch für Akzeptanz. Nach dem Fall der Mauer nahmen die rassistischen Ausfälle zu. »Ich wurde angespuckt und als Türkentrainer beschimpft«, sagt Herbst. Für die Rechten im Osten wurden Türkiyemspor und andere höherklassige türkische Migrantenklubs wie Yesilyurt zum Feindbild. Ümit Ünsal erinnert sich an ein Spiel in Eisenhüttenstadt, bei dem die Spieler und Zuschauer von Yesilyurt tätlich angegriffen wurden. Die Spieler wurden mit Fladenbrot beworfen, als »Kanaken« beschimpft oder mit Aldi-Tüten in Stadien begrüßt. Das hatten die Fans von Bayern München 1999 auf der großen Bühne, bei einem Europapokalspiel im Olympiastadion gegen Galatasaray, schon getan und gedacht, sie seien witzig. Die rechtsextreme und verbotene Band »Landser« verfasste ein Schmählied gegen Türkiyemspor.

Trotz unzweifelhafter Anstrengungen der Landesverbände, des DFB, vieler deutscher Klubs und der Migrantenvereine besteht ein anderes Problem ebenfalls weiter. Die Zahl der Verhandlungen bei den Sportgerichten im Zusammenhang mit Spielen unter Beteiligung von Migrantenvereinen ist nicht signifikant zurückgegangen. »Türken können nur schlecht verlieren und sind vielleicht leichter zu provozieren, das liegt einfach in ihrem mediterranen Temperament«, sagt Mehmet Matur, der immer wieder als Schlichter auftritt. Manchmal reist er zu acht Spielen an einem Tag, um im Vorfeld drohende Konflikte zu entschärfen und den Schiedsrichtern mit seiner Anwesenheit

Unterstützung zu demonstrieren. Oft geschehen Dinge aus der Emotion heraus, und aus Beschimpfungen wie »Scheiß Deutscher« spreche eher Hilflosigkeit und Frust, meint Matur. Auch wenn er bei einigen türkischen Migrantenvereinen Abschottungstendenzen erkennt. »Man kann Integration nicht erzwingen«, meint Ümit Ünsal.

In seiner Studie »Ethnische Konflikte im Jugendfußball« kommt der Sportwissenschaftler Gunter A. Pilz von der Universität Hannover zu dem Schluss, dass vor allem Provokationen mit teils rassistischem Hintergrund Ursache für Tätlichkeiten junger Ausländer seien. Allein im Niedersächsischen Fußballverband sei es zu rund 2600 Sportgerichtsverfahren gekommen, in denen vor allem junge Türken bestraft worden seien. Allein in Niedersachsen. Pilz stellt in seiner Studie fest, dass Mannschaften mit ausländischen Spielern von deutschen Mannschaften bewusst provoziert worden seien, um schon verlorene Spiele noch zu gewinnen. Pilz erkennt in den Konflikten eine »Stellvertreterfunktion« des Wettkampfes auf dem Platz für den Kampf um soziale Anerkennung. »Der Sport ist ein Austragungsort eines sozialen Konfliktes, in dem Mehrheitsgesellschaft und Migranten um die Veränderung der sozialen Rangordnung, die Verteilung von Ressourcen und die Anerkennung kultureller Normen kämpfen«, schreibt er. Dabei werden die Konflikte auf dem Platz härter, je länger die ausländischen Jugendlichen in Deutschland leben. Anfangs würden Eingliederungsprobleme noch hingenommen. Diese Toleranz schwinde jedoch, je länger die jungen Türken unter sozialen Nachteilen leiden müssten.

Als Beispiel zitiert Pilz einen Vater mit türkischem Migrationshintergrund, der sagt: »Ich gehe auf keine Kompromisse ein. Hätte ich das getan, dann hätte mich die Gesellschaft vernichtet. Jetzt kommen ein paar schlaue Leute und sagen mir, was für meinen Sohn gut ist. Ich sage, es ist gut für meinen Sohn, für sein Selbstwertgefühl und für seine weitere Entwicklung, wenn er spielt und nicht auf der Bank sitzt. Da könnt ihr mir erzählen, was ihr wollt. Was hat die Türkei für uns getan? Was tut die Bundesrepublik Deutschland für uns? Wir werden doch überall ausgenutzt.« Laut Pilz führen diese Konflikte mit ausländischen Jugendlichen innerhalb deutscher Vereine dazu, dass mono-ethnische Clubs stärkeren Zulauf bekommen. Die Kluft zwischen deutschen Teams einerseits und türkischen Mannschaften andererseits werde immer größer.

Mehmet Matur kennt die Studie und versucht, die Situation mit vielen Ideen und Taten zu verbessern. Zweimal schon hat er ein Integrationsfestival veranstaltet. »Wir setzen die Mannschaften dann gemischt zusammen, tanzen, essen und feiern gemeinsam.« Beim ersten Mal folgten 450 Menschen, auch rund 40 Personen aus dem Osten, der Einladung. Beim zweiten Mal waren es immerhin noch 350. »Ein Erfolg wäre für mich, wenn statt 200 Sportgerichtsverhandlungen in Berlin mit türkischen Migranten im Jahr nur noch 150 oder 100 stattfinden müssten.«

Immerhin tut sich beim DFB etwas beim Thema Integration, seit Theo Zwanziger alleiniger Präsident ist. »Er kommt von der Basis und hat das Thema Integration auf die Agenda gehoben. Mayer-Vorfelder war nur ein Mann der Bundesliga. Da kam nichts«, sagt Ümit Ünsal. Die Einsetzung der Integrationsbeauftragten Gül Keskinler war ein erster erkennbarer Ansatz, dass der DFB sich des Themas annimmt.

»Dabei ist Integration keine Einbahnstraße«, sagt Mehmet Matur. Doch die Initiative geht von den kleinen Klubs aus. Der Klub Hochstätt Türkspor aus Mannheim zum Beispiel, der sich erst 1993 gründete, baute vor einigen Jahren ein ehemaliges Jugendzentrum zum Klubhaus um. Im Problemviertel im Mannheimer Süden ist es mittlerweile Treffpunkt vieler Jugendlicher aus dem Migrantenmilieu. Der Soziologe Darius Zifonun erforschte drei Jahre lang den Kreisligaklub. Hier spielen nur Türken, obwohl der Klub auch für andere Nationalitäten offen ist. Wenn man unter Integration nur Assimilation versteht, also die komplette Übernahme kultureller Muster, dann seien die Jungs von Hochstätt wohl nicht integriert, meint Zifonun von der Universität Konstanz. Aber vielleicht muss man den Integrationsbegriff neu definieren. In einem Aufsatz schreibt der Soziologe: »Im Falle der Welt des Fußballsports kann die Existenz ›eigenethnischer‹ Vereine nicht von vorneherein als Segregation betrachtet werden, da die Bildung konkurrierender Gruppierungen für den Fußballsport konstitutiv ist. Entscheidend für die Frage der Integration ist vielmehr die Orientierung an der Ordnungsstruktur der Fußballwelt.« Bei den Spielen von FC Hochstätt Türkspor kommt es so gut wie nie zu Zwischenfällen, die es nicht auch bei Spielen unter rein deutschen Klubs gäbe. Hochstätt sei schon deshalb integrativ, weil der Klub durch den Sport Kontakt zu deutschen Vereinen habe, sagt Zifonun.

»Viele deutsche Vereine haben noch gar nicht erkannt, was der demographische Wandel in den nächsten Jahren für sie bedeutet«, sagt Ümit Ünsal im Berliner Regen, wo Türkiyemspor 2:0 gegen Hilalspor gewonnen hat. Heute schon haben von 100000 Jugendlichen im Berliner Fußball 30000 einen Migrationshintergrund, davon 20000 einen türkischen. Die Zahl wird in den nächsten Jahren zunehmen, davon werden auch die Migrantenklubs profitieren, glaubt Ünsal. Vielleicht wäre das ein weiterer wichtiger Mosaikstein für Türkiyemspor auf dem Weg, an die Erfolge der Vergangenheit anzuknüpfen? Noch fehlt die Infrastruktur, der Verein hat einen Etat von nur 100000 Euro, deutsche Sponsoren machen weiter einen Bogen um Migrantenvereine. »Wir brauchen endlich einen Trainingsplatz, eine Geschäftsstelle, aber das wird schwierig«, glaubt Ümit Ünsal. Mit dem Erfolg käme vielleicht auch wieder das Geld – und das Gemeinschaftsgefühl. Dem Selbstverständnis nach haben sie das ohnehin geschafft, was noch nicht überall angekommen ist. Fikret Caylan, der Manager der ersten Mannschaft, sagt noch einmal nachdrücklich, bevor er sich verabschiedet: »Wir sind ein deutscher Verein mit türkischem Namen – irgendwann werden das alle kapieren.«

Weitere Titel der Reihe »Ball und Welt«

Stefan Adrian/Kai Schächtele. Immer wieder nimmer wieder. Vom Schicksal des österreichischen Fußballs. KiWi 1037

Wolfgang Bortlik. Hopp Schwiiz!. Fußball in der Schweiz oder die Kunst der ehrenvollen Niederlage. KiWi 1039

David Winner. Oranje Brillant. Das neurotische Genie des holländischen Fußballs. KiWi 1038

Birgit Schönau. Calcio. Die Italiener und ihr Fußball. KiWi 911

Javier Cáceres. Fútbol. Spaniens Leidenschaft. KiWi 921

Raphael Honigstein. Harder, better, faster, stronger. Die geheime Geschichte des englischen Fußballs. KiWi 927

www.kiwi-verlag.de KiWi PAPERBACK

Spielfeld
Tribüne
Heft
11 FREUNDE
Fußball-Kultur
#76 März 2008 3,90 € www.11freunde.de
1. FC Kaiserslautern
Eiszeit in der roten Hölle
Paul Scharner
Österreichs Rebell
Klub-Präsidenten
Scheichs und Kriminelle
Wende-Stadionposter
Bern & Wien
DIEGO!
Werder Bremens Superstar über
Gott und die Welt und Klaus Allofs